« Ouvertures Pédagogiques »
Collection dirigée par Teresa Grange

La collection :

The collection « Ouvertures Pédagogiques » (Pedagogic Openings) presents some studies on the issues of the different fields of Pedagogy on the basis of an increasingly rising social request for mediation going through all ages and many formal and informal educating contexts. It is mainly addressed to the researchers but it is also suitable for every person working in the educational field who wants to get an idea of the present issues about formation and education.

La collana « Ouvertures Pédagogiques » propone studi su temi e problematiche afferenti a diversi campi di ricerca in pedagogia, nel quadro di una crescente domanda sociale di mediazione pedagogica che attraversa tutte le età della vita e riguarda una pluralità di contesti formali e informali di formazione. Destinata principalmente agli studiosi, si rivolge ugualmente a tutti gli attori del mondo educativo interessati a uno sguardo pedagogico sul dibattito attuale in materia di formazione e educazione.

La collection « Ouvertures Pédagogiques » propose des études sur des thèmes et des problématiques issus de différents champs de la recherche en pédagogie, dans le cadre d'une croissante demande sociale de médiation pédagogique traversant tous les âges de la vie et concernant une pluralité de contextes formels et informels de formation. Destinée principalement aux chercheurs, elle s'adresse également à tous les acteurs du monde éducatif intéressés par un regard pédagogique sur les questionnements actuels en matière de formation et d'éducation.

Comité de concertation scientifique et peer review :

Paolo Calidoni (Université de Sassari, I), Marcel Crahay (Université de Genève, CH), Soledad Guardia Gonzàlez (Université Complutense de Madrid, E) Nicola Paparella (Université Pegaso Naples, I), Bernard Rey (Université Libre de Bruxelles, B).

L'école première en question

Analyses et réflexions à partir des pratiques d'évaluation

Carole Veuthey,
Géry Marcoux
et Teresa Grange
(dir.)

Adressez les commandes à votre libraire
ou directement à

Éditions L'Harmattan

5,7 rue de l'École Polytechnique
F - 75005 Paris
Tél : 00[33]1.40 46 79 20
Fax : 00[33]1.43 25 82 03
diffusion.harmattan@wanadoo.fr
http://www.editions-harmattan.fr

ISBN : 978-2-8066-3575-4   Dépôt légal : 2016/9202/023

© EME Éditions
Grand'Place, 29
B-1348 Louvain-la-Neuve

Tous droits de reproduction, d'adaptation ou de traduction, par quelque procédé que ce soit, réservés pour tous pays sans l'autorisation de l'éditeur ou de ses ayants droit.

www.eme-editions.be

Remerciements

Nous remercions les enseignantes et les enseignants qui nous ont ouvert les portes de leurs classes permettant ainsi aux chercheurs et chercheuses de mieux comprendre les pratiques enseignantes à l'école première.

Nos remerciements vont également à toutes les personnes qui ont contribué à cette publication, les auteurs des chapitres bien sûr, mais tout particulièrement à Carl Denecker pour son important travail de relecture et de mise en page de l'ouvrage.

Table des matières

INTRODUCTION GÉNÉRALE _____ 11

Géry Marcoux, Carole Veuthey et Teresa Grange
**L'entrée dans le monde scolaire :
quels changements pour quels effets ?** 11

PREMIÈRE PARTIE – FRANCE _____ 21

Chapitre I – Pascal Garnier et Aline Blanchouin
L'évaluation à/de l'école maternelle en France 23
  Introduction 23
  De l'évaluation de l'école maternelle à l'évaluation des élèves 24
    Le rôle de l'école maternelle dans les parcours scolaires 25
    Mise à l'épreuve des enfants et évaluation des élèves 26
    Livret scolaire et dispositifs d'évaluation des élèves 27
  L'évaluation du point de vue des parents 30
    Le livret d'évaluation : un objet controversé 31
    Un outil de dialogue entre parents et enseignants ? 34
  Conclusion 37

Chapitre II – Christophe Joigneaux
**L'évaluation dans les écoles maternelles françaises.
Quelles cohérences pour quels effets ?** 39
  Quelles cohérences ? 43
    Les livrets scolaires en eux-mêmes 43
    Les supports et les pratiques d'évaluation 49
  Quels effets probables… et remèdes à ces effets ? 52

DEUXIÈME PARTIE – SUISSE ROMANDE _____ 55

Chapitre III – Anne Meyer
**Pratiques évaluatives en Suisse Romande.
Quelques exemples de l'école enfantine** 57
  Introduction 57
  Rappel historique 58
  Contexte scolaire actuel en Suisse 59
    Principe de subsidiarité 60
    Concordat HarmoS 60
  Évaluation de l'école enfantine 62
    Textes cadres 63

  Niveau intercantonal, CDIP : concordat HarmoS 63
  Niveau régional romand, CIIP : deux textes-cadres 63
  Niveau régional romand, CIIP : le Plan d'études romand 64
  Niveau cantonal 65
 Concernant l'école enfantine, dans les textes cantonaux 65
Trois cas de figure 66
 Premier cas, support d'évaluation-bilan : canton de Genève 66
 Deuxième cas, support d'évaluation-bilan : canton de Berne 68
 Troisième cas, support de communication : canton de Vaud 70
 Quelques constats 72
Les pratiques évaluatives déclarées 74
 Résultats 75
 Remarques et perspectives 75

Chapitre IV – Anne Clerc-Georgy et Isabelle Truffer Moreau
Les pratiques évaluatives à l'école enfantine.
Influence des prescriptions sur les pratiques enseignantes 79
 Introduction 79
 Un contexte en mutation 80
 Les apprentissages fondamentaux 82
 Des connaissances « oubliées » des enjeux de l'école première 84
 Des modalités de travail en mutation 87
 Les enjeux de l'évaluation dans les premiers degrés 89
 Quelques propositions pour une évaluation adaptée aux 1ers degrés 92

Chapitre V – Carole Veuthey et Géry Marcoux
Évaluation à l'école première.
Une clarification des objectifs scolaires porteuse d'échec 97
 Introduction 97
 Évolutions de l'école enfantine genevoise 98
 Problématique 103
 Résultats de recherches 104
 Discussion et conclusion 108
  De l'évaluation formative vers le rendre compte 109
  Une standardisation des traces écrites au service du rendre compte ... 110
  Le poids des apprentissages disciplinaires dans l'évaluation 111
  La réduction des inégalités et de l'échec scolaire 113

TROISIÈME PARTIE – BELGIQUE FRANCOPHONE _____ 117

Chapitre VI – Sébastien Schetgen
**Mieux comprendre l'école maternelle en Belgique francophone.
Histoire d'une scolarisation progressive** 119
    Les origines 119
    Les premiers jardins d'enfants en Belgique francophone 121
    De 1880 à 1927 : la période frœbélienne 122
    De 1927 à 1950 : la période montessorienne 125
    De 1950 à 1974 : la période decrolyenne 128
    De 1974 à 1985 : la réforme de l'enseignement préscolaire 131
    De 1985 à 1994 : La réforme de la réforme 134
    1994 : l'avènement des compétences et l'approche par cycles 137
    Retour sur la question de la scolarisation 139

Chapitre VII – Charlotte Bouko et Sylvie Van Lint
**Quelles pratiques d'évaluation à l'école maternelle
en Belgique francophone ?** 143
    Introduction 143
    Première année de recherche 146
        Méthodologie 146
        Principaux résultats 147
    Seconde année de recherche 149
        Méthodologie 149
        Design de la collaboration entre chercheurs et équipes éducatives 150
        Phase 1 : Partage des objectifs 150
        Phase 2 : Analyse des difficultés rencontrées 151
        *Phase 3 : Tournant méthodologique et confrontation des enseignants
        avec des cadres de référence issus de recherches scientifiques* 152
        Phase 4 : Généralisation des acquis du groupe 153
    Résultats de recherche 154
    Discussion – conclusion 156

QUATRIÈME PARTIE – ITALIE _____ 161

Chapitre VIII – Paolo Calidoni
**L'évolution de l'évaluation des élèves de l'école maternelle
en Italie** 163
    Orientamenti de 1991, continuité éducative et dossier de l'élève 164
    Le « faire et défaire » des indications ministérielles des années 2000 169
    Indicazioni pour le programme d'études de l'école maternelle
    et du premier cycle d'instruction 2012 174
    Considérations finales 178

Chapitre IX – Teresa Grange
**Évaluation à l'école maternelle et
développement professionnel des enseignants :
réflexions pédagogiques et perspectives de recherche** 181
    Le paradoxe de l'évaluation à l'école maternelle 181
    Du paradoxe à la réflexion pédagogique :
    un trajet incidemment autonome 185
        Première tension : évaluation diffuse vs évaluation intégrée 188
        Deuxième tension :
        observation spontanée vs observation systématique 190
        Troisième tension : information *top-down* vs échange coopératif 191
        Quatrième tension : demande de formation vs besoin de formation ... 192
    Mise en recherche : une chance de développement professionnel 194

CONCLUSION GÉNÉRALE _____ 199

Olivier Maulini
**Protéger ou préparer les enfants ?
L'évaluation précoce entre faux dilemme et vraie valorisation.... 199**
    La logique didactique : réguler les progressions 201
    La contrainte politique : régler les distributions 205
    Derrière le faux dilemme : quelle vraie valorisation ? 209

Bibliographie _____ 213

Présentation des auteurs _____ 233

INTRODUCTION GÉNÉRALE

L'entrée dans le monde scolaire : quels changements pour quels effets ?

Géry MARCOUX, Carole VEUTHEY et Teresa GRANGE

Dans de nombreux systèmes éducatifs, les toutes premières années de la scolarité (de 2-3 à 6 ans) sont régulièrement au cœur des débats ! C'est le cas actuellement pour la France, la Suisse romande, la Belgique francophone et l'Italie : ça l'est aussi pour d'autres systèmes éducatifs à travers le monde (Kaga, Benett et Moss, 2010). Le sujet central et récurrent de ces débats concerne l'importance attribuée à ces premières années et leur rôle dans la scolarité des élèves (Suchaut, 2008). En effet, celles-ci sont présentées comme une étape charnière à double enjeu. Le premier concerne l'entrée dans le monde scolaire : l'enfant se socialise pour devenir élève ; le second concerne l'entrée dans les apprentissages formels : l'enfant aborde les premiers enseignements scolaires de l'écrit et des nombres considérés comme fondamentaux pour la suite de son parcours. La préoccupation finale se résumant à l'articulation de ces deux aspects nécessaires à la réussite ultérieure de tous les élèves dans un souci de luttes contre les inégalités scolaires ?

L'importance des premières années de scolarité dans la lutte contre les inégalités sociales et culturelles est aujourd'hui clairement admise par les autorités scolaires de nombreux systèmes éducatifs cherchant à suivre la recommandation de la Commission européenne, pour laquelle, « il est à la fois plus efficace et plus équitable d'investir dans l'enseignement au plus tôt » (Eurydice, 2009, p. 3). La question est alors de savoir quoi et comment investir ? Plusieurs pistes sont avancées entraînant une série d'interrogations. Faut-il abaisser l'âge de l'obligation scolaire ? Et si oui, les premières années doivent-elles faire l'objet d'un cadre spécifique ou être intégrées à celui du primaire ? Quel curricula peut être efficient pour cette tranche d'âge ? Quels sont les apprentissages fondamentaux nécessaires ? Quels modes d'enseignements seraient les plus pertinents ? Enfin, en corollaire, que faut-il évaluer (apprentissages disciplinaires vs. compétences transversales), comment (jugement professionnel vs. épreuves standardisées) et dans quel but (formatif vs. certificatif) ?

Certains pays ont déjà fait des choix. Ainsi, la Suisse romande à décider d'abaisser l'âge de la scolarité obligatoire à quatre ans entraînant la disparition d'un plan d'études spécifique réservé aux deux premières années de l'école dénommée « enfantine » (4-6 ans) en faveur d'un plan d'études pour l'ensemble de la scolarité primaire (4-12 ans). De même, dans certains cantons, comme celui de Genève, le livret scolaire standardisé spécifique au primaire a été étendu aux deux nouvelles premières années de l'enseignement obligatoire. Il y a là, de fait, un choix fort d'intégrer les deux premières années (4-6 ans) au reste de la scolarité obligatoire. D'autres pays, comme la Belgique francophone ou la France, hésitent encore.

Cet enjeu se reflète d'ailleurs singulièrement dans l'évolution du vocable pour désigner les premières années de scolarité. Ainsi, pendant des années, en France et en Belgique, on a parlé d'école maternelle, de *scuola dell' infanzia* en Italie, et d'école enfantine en Suisse romande. Or depuis le début des années 2000, un nouveau terme émerge celui d'« école première » (Brougère, 1995 ; Meirieu, 2009 ; Perrenoud, 1999). Ce terme à l'avantage de recouvrir deux caractéristiques de cette étape importante de la scolarisation :

> Cela signifie que c'est, chronologiquement, la première des écoles, mais aussi que c'est premièrement une école et une école essentielle pour la réussite de la scolarité de l'enfant ainsi que pour la construction d'une société démocratique plus juste et plus solidaire. (Meirieu, 2009, p. 49)

Notons que le choix de ce terme permet d'éviter l'accent mis jusque-là sur le côté maternel ou enfantin des premières années de scolarité, au profit de l'importance des premiers apprentissages dans le devenir de l'élève.

Émergence d'une nouvelle appellation, questionnements et propositions pour une refondation des premières années de la scolarité, les demandes de changements se font pressantes, mais avec quelles conséquences ? Et quand des changements (de structure ou de curriculum) ont lieu, produisent-ils les effets escomptés ? Autrement dit : y a-t-il amélioration des apprentissages ? Observe-t-on une réduction des inégalités scolaires ? Et, partant, qu'en est-il des spécificités de ces premières années ? Est-il important de les conserver ou est-il nécessaire d'y renoncer pour maximiser les chances de réussite de tous les élèves ?

Régulièrement, le débat public évoque l'idée d'une primarisation ou « schoolarisation » (Garnier, 2016) de ces premières années. Cette idée n'est pas neuve. Déjà, comme le rappellent Garnier et Blanchouin dans cet ouvrage, Kergomard, fondatrice et inspectrice générale des écoles maternelles en France (1838-1925), dénonçait une école maternelle dénaturée en « petite Sorbonne ». Pourquoi cette idée persiste-t-elle à travers le temps ? Peut-être parce que ce qui est bon ou non pour les premières années de la scolarité ne fait pas encore l'unanimité et que des questions demeurent.

Cet ouvrage s'inscrit donc dans les débats et les réflexions actuels sur cette étape charnière de la vie de l'enfant : au moment de son entrée dans le monde scolaire, quand l'enfant devient élève et qu'il va progressivement se détacher de son milieu familial, s'approprier de nouvelles normes, un nouveau rapport au monde et aux savoirs. Quatorze contributeurs et contributrices issu-e-s de quatre systèmes éducatifs distincts ont accepté de nous livrer leurs expertises dans ce domaine spécifique. Aucun chapitre n'a la prétention de répondre à toutes les questions soulevées mais chacun tente de répondre en partie à celles-ci. L'ensemble de l'ouvrage permet alors, dans une visée comparatiste, de mettre en rapport les différents éclairages pour offrir un panorama des tensions et des enjeux dans lesquels se trouvent l'école première et donc les enseignants qui accueillent ces jeunes élèves à un moment crucial de leur parcours scolaire.

Nous avons fait le choix d'aborder ces interrogations sous l'angle de l'évaluation. En effet, l'évaluation est au centre des questions de dépistage précoce, d'orientation, de sélection et de lutte contre l'échec scolaire. Elle nous semble un bon analyseur des changements passés, en cours et à venir. Révélatrice des pratiques enseignantes, elle permet d'analyser ce qui se passe au sein des établissements en liant enseignement, apprentissage et communication.

Les deux premiers chapitres de cet ouvrage concernent le système scolaire français dans lequel la scolarité n'est obligatoire qu'à partir de six ans, c'est-à-dire au moment de l'entrée au Cours Préparatoire (CP), mais qui propose avant cela trois années d'école maternelle, facultatives, mais fréquentées par la quasi-totalité des enfants (Petite Section, Moyenne Section, Grande Section).

Dans le premier chapitre, Pascale Garnier et Aline Blanchouin interrogent l'inscription de l'évaluation dans le processus de scolarisation de l'école maternelle. Elles montrent que depuis le milieu des années 1970, l'école maternelle, considérée comme un levier fort de démocratisation de l'enseignement, est jugée d'une part en fonction du poids qu'elle joue dans la réussite scolaire ultérieure et d'autre part, par rapport à sa capacité à réduire les inégalités sociales devant l'école (Garnier, 2012a). Cette double attente entraîne une évolution des outils et des dispositifs d'évaluation des élèves, passant d'une forme d'évaluation préscolaire mettant l'accent sur le bien-être et le développement de l'enfant, à une forme scolaire, évaluant des connaissances et des compétences acquises. Au travers d'entretiens avec des parents, les auteurs mettent également en avant le caractère controversé du livret d'évaluation introduit en 2008 et généralisé par la suite.

Dans le second chapitre, Christophe Joigneaux questionne la présence, dans les nouveaux programmes de l'école maternelle, datant de 2015, de deux modèles d'évaluation : d'un côté une évaluation centrée sur le « résultat obtenu » dans une perspective de prédiction et de sélection et de l'autre un modèle qui prendrait en compte le cheminement de l'enfant et sa progression. Pour savoir si cette opposition qui serait une concrétisation de la double mission de l'école maternelle (s'inscrire dans la continuité en préparant les élèves aux apprentissages futurs tout en respectant le développement de l'enfant) se retrouve dans les pratiques réelles d'évaluation, Christophe Joigneaux analyse des livrets scolaires et la manière dont ils sont remplis par les enseignants. Constatant là aussi, la présence de deux versions : l'une « scolaire » et l'autre « développementaliste », il s'interroge sur la manière de faire évoluer les évaluations et les livrets pour que les enseignants puissent davantage rendre compte de la progression de l'élève et pas seulement du produit fini.

Les trois chapitres suivants traitent du système scolaire en Suisse romande, partie francophone de la Suisse. Dans ce pays plurilingue et fédéraliste, la scolarité obligatoire relève principalement de la compétence de chacun des vingt-six cantons qui la composent. Toutefois pour garantir une certaine homogénéité, des organes de coordination au niveau national (*cf.* HarmoS) et régional (*cf.* la Conférence intercantonale de l'instruction publique, réunissant les six cantons romands : Fribourg, Genève, Jura, Neuchâtel, Valais, Vaud, ainsi que la partie francophone du canton de Berne et le Tessin) existent. En Suisse romande, depuis 2009, la scolarité est obligatoire dès quatre ans. La scolarité primaire est organisée en deux cycles : cycle 1 (4-8 ans) et cycle 2 (9-12 ans).

Dans le chapitre 3, Anne Meyer situe l'école enfantine (4-6 ans) dans le contexte des changements provoqués par l'entrée en vigueur du concordat intercantonal sur l'harmonisation de la scolarité obligatoire (HarmoS) dans les cantons romands en 2009. Dans un premier temps, elle fait état de l'évolution des modèles pédagogiques, mais aussi des outils d'évaluation des apprentissages à travers une analyse des textes cadres au niveau national, régional et cantonal. Ensuite, elle propose d'analyser plus finement les outils d'évaluation élaborés par trois cantons : Genève, Berne francophone et Vaud. Elle propose alors des liens entre le discours véhiculé par les textes officiels et la manière dont les principes se traduisent dans les outils d'évaluation transmis aux familles. Enfin, elle souligne une forme de tension entre le discours véhiculé dans les textes officiels et les pratiques évaluatives dans les classes enfantines.

Dans le chapitre 4, Anne Clerc-Georgy et Isabelle Truffer Moreau interrogent les pratiques évaluatives d'enseignantes vaudoises à partir de la définition des apprentissages fondamentaux du nouveau plan d'études romand. Elles constatent une tension entre les contenus des dossiers d'évaluation portant principalement sur des micro-objectifs facilement observables et la définition que ces enseignantes donnent d'un élève bien armé pour la suite de la scolarité. Elles interrogent l'usage fréquent des fiches dans les activités d'apprentissage et dans les outils d'évaluation, la place accordée aux activités ritualisées sans liens explicites avec les savoirs disciplinaires et la disparition progressive du jeu comme situation d'apprentissage. Ces observations les amènent à questionner la coexistence des différentes fonctions de l'évaluation dans un seul outil et la pertinence d'évaluer de manière certificative des élèves de cet âge-là. Le chapitre se termine par des propositions pour une évaluation plus adaptée à la progression des jeunes élèves de l'école première, mieux intégrée aux situations d'apprentissage et plus interactive.

Enfin, dans le chapitre 5, Carole Veuthey et Géry Marcoux proposent une réflexion sur les pratiques évaluatives des enseignantes genevoises et plus particulièrement sur le contenu et les fonctions du dossier d'évaluation dans le but d'interroger l'abaissement de l'âge de la scolarité obligatoire à quatre ans et les effets de cette décision politique. Les résultats tendent à montrer un double glissement : d'une utilisation du dossier d'évaluation à des fins principalement de régulation des apprentissages vers un outil servant de support à l'information aux parents ; mais aussi vers un outil contenant principalement des traces mesurant les apprentissages disciplinaires au détriment d'autres dimensions plus transversales, pourtant importantes au moment de l'entrée dans le monde scolaire. Les auteurs finissent par s'interroger sur les risques d'une telle évolution face à la volonté de réduire les inégalités scolaires pourtant à l'origine des décisions politiques ayant entraîné ces changements.

Les chapitres 6 et 7 sont consacrés à la Belgique francophone. En Belgique, ce sont les Communautés (Fédération Wallonie-Bruxelles, Communauté flamande, Communauté germanophone) qui organisent l'enseignement. À l'exception des dénominations, le système éducatif belge est assez proche de celui de la France avec une scolarité qui n'est obligatoire qu'à partir de six ans (1er à 6e primaire) et trois années d'école maternelle (1er à 3e maternelle) facultatives, mais fréquentées par la quasi-totalité des enfants.

Dans le chapitre 6, Sébastien Schetgen nous propose de comprendre l'école maternelle d'aujourd'hui en Belgique francophone en retraçant l'histoire de celle-ci. Sur base de la littérature et des textes légaux dans ce domaine spécifique, il montre comment ces premiers degrés se sont « scolarisés » progressivement. De même, éclairant les présupposés pédagogiques qui ont émaillé l'histoire de l'école maternelle belge, il permet d'en comprendre les pratiques actuelles d'enseignement et d'évaluation et d'en interroger les limites et les dangers.

Dans la continuité, Charlotte Bouko et Sylvie Van Lint, s'intéressent, dans le chapitre 7, spécifiquement aux pratiques d'évaluation à l'école maternelle en Belgique francophone. Partant du constat qu'à ce niveau, un enfant sur vingt-cinq (c'est-à-dire presque un par classe) est maintenu[1] dans l'année en cours alors qu'aucune évaluation des apprentissages n'est formellement organisée, elles cherchent à en comprendre les raisons pour tenter, d'y remédier un tant soit peu. Présentant les représentations du monde enseignant sur le choix et les indicateurs du maintien, elles proposent, dans un second temps, les résultats de leur « recherche-action » visant à opérer un changement de regard par l'adoption d'une nouvelle grille d'interprétation des faits observés. Elles montrent alors l'intérêt de construire avec les enseignants une visée de l'évaluation « diagnostique pour l'action » centrée sur les apprentissages disciplinaires fondamentaux : l'écrit, la compréhension et le nombre.

Les deux derniers chapitres (8 et 9) nous amènent en Italie. Là aussi, la structure de la scolarité est assez proche de la Belgique et davantage encore de la France. En effet, le système scolaire italien est organisé de manière centralisée par le ministère de l'Instruction publique italienne. Il est composé de la *scuola dell'infanzia* (école de l'enfance) non obligatoire, mais fréquentée par la quasi-totalité des enfants de 3 à 6 ans et de la *scuola primaria* (école primaire) d'une durée de cinq ans.

Le chapitre 8 de Paolo Calidoni retrace, dans une perspective critique, l'histoire récente de l'évaluation à l'école maternelle italienne. Il analyse les prescriptions officielles et montre la persistance d'une certaine tension entre une conception souple de l'évaluation, exprimée par la primauté donnée à la fonction formative, et une acception dure, incarnée par la définition de listes de validation nationales toujours plus précises en termes de résultats attendus d'apprentissage. Pour lui, cette tension se répercute sur les pratiques des enseignants par la fragmentation des modèles opérationnels et le risque de sombrer dans la banalisation des processus évaluatifs, polarisés entre démarches intuitives et techniques formalisées. Il propose

---

[1] En Belgique francophone, ce terme est souvent utilisé en maternelle pour éviter celui de redoublement.

alors une réflexion sur la dimension éducative de l'évaluation permettant de réorienter la complexité du regard pédagogique sur l'évolution de l'enfant plutôt que sur les performances de l'élève.

Dans le chapitre 9 de Teresa Grange, le contexte italien fait également l'objet d'une lecture pédagogique, mais cette fois du point de vue du développement professionnel des enseignants en matière d'évaluation. Dans le cadre des recherches sur la culture de l'évaluation chez les enseignants (Pellerey, 1998 ; Perrenoud, 1998 ; Vertecchi, 2003) et en s'appuyant sur une étude locale, elle propose un itinéraire d'analyse de besoins professionnels et une démarche de recherche participative pour la formation professionnelle valorisant les spécificités de l'évaluation, dans une visée d'amélioration de la qualité du projet éducatif de l'école enfantine.

Enfin, sur base des chapitres présentés et pour clôturer cet ouvrage, Olivier Maulini propose une réflexion sur la possibilité, dans ce cadre, de combiner deux rationalités : la logique didactique appelant à réguler les progressions et la contrainte politique exigeant de régler les distributions. Synthétisant les diverses contributions, il interroge le compromis possible entre la fonction correctrice de l'évaluation d'un côté et sa fonction distributrice de l'autre en lien avec le contexte social actuel et nous invite à le dépasser pour le bien et l'avenir de tous les élèves.

PREMIÈRE PARTIE

FRANCE

CHAPITRE I

L'évaluation à/de l'école maternelle en France

Pascale GARNIER et Aline BLANCHOUIN

Introduction

Pour étudier l'évaluation à l'école maternelle, il est indispensable d'analyser comment celle-ci est elle-même évaluée et comment cette évaluation s'inscrit dans les politiques publiques qui en définissent les finalités et sa place dans le champ des institutions d'accueil de la petite enfance et ses rapports avec la scolarité obligatoire. Autrement dit, l'évaluation des personnes et l'évaluation de l'institution sont intiment liées et seule une mise en perspective historique peut nous permettre de montrer cette dynamique conjointe. Le fait même qu'elle nous conduise à interroger la définition des êtres qui sont à évaluer, les « enfants » et/ou les « élèves », montre bien cet enjeu institutionnel premier qui est celui-là même de la définition de l'école maternelle en France : lieu d'éducation « préscolaire » ou « première école » ? C'est pourquoi ce chapitre entend inscrire la question de l'évaluation en regard d'un processus de scolarisation de l'école maternelle. Il s'agit donc, dans un premier temps, de comprendre en quoi consiste le passage d'une forme préscolaire d'évaluation des jeunes enfants à une forme scolaire d'évaluation des élèves. Les formes et les outils que produit actuellement l'institution sont dès lors à analyser attentivement pour comprendre comment se jouent une formalisation et standardisation de l'évaluation des élèves en référence à des compétences scolaires.

Ce chapitre entend aussi souligner l'extension des arènes où il est aujourd'hui question de l'évaluation des élèves de maternelle. Alors que celle-ci était circonscrite à la classe, elle s'impose désormais dans des sphères de plus en plus larges en devenant partie prenante des politiques publiques éducatives, nationales et locales. Elle s'introduit également au cœur des familles, dans le regard porté par les parents sur leur enfant, à travers leurs rapports avec l'institution scolaire comme leurs relations avec les enseignants. C'est ce que nous montrerons à travers l'exemple de témoignages de parents de petite section, dans la deuxième partie de ce texte. Grâce à cet exemple précis, nous analyserons les critiques et les controverses qu'elle peut susciter.

De l'évaluation de l'école maternelle à l'évaluation des élèves

Notre analyse se situe dans le cadre d'une sociologie de la critique (Boltanski et Thévenot, 1991), c'est-à-dire d'une sociologie qui fait du travail de critique et de justification des acteurs un objet d'étude, attentive à ses rapports avec son propre travail interprétatif. Elle suppose un pluralisme des principes d'évaluation, ou « ordres de grandeur », qui sont attribués aux personnes. Ce choix théorique permet aussi de considérer l'école maternelle comme une forme de « bien commun », soumise à une exigence de justification. Dans ce cadre, nous entendons par scolarisation de l'école maternelle, la priorité donnée à une logique scolaire de justification de son bien-fondé au détriment d'autres logiques que représentent respectivement l'accueil et les soins des jeunes enfants, leur développement et leur éducation (Garnier, 2016). L'évolution de l'école maternelle depuis le milieu des années 1970 peut ainsi être interprétée comme un processus de sa « confirmation institutionnelle » (Boltanski, 2009) comme « monde » scolaire.

Impossible en effet de penser à une école maternelle qui n'aurait eu qu'un rôle exclusivement éducatif et d'accueil pour ensuite devenir purement scolaire. Elle est, en effet, partie intégrante de l'école primaire depuis les grandes lois scolaires de 1881 et 1886 (Luc, 1982). En outre, les vigoureuses critiques que l'inspectrice générale Kergomard (2009) adressait dès la fin du XIXe siècle à une école maternelle dénaturée en « petite Sorbonne » nous rappellent les débats récurrents sur la nature hybride de l'institution. Dès les années 1970, l'importance croissante accordée à un principe de justification scolaire de l'école maternelle commande sa mise à l'épreuve en privilégiant des attentes elles-mêmes scolaires, en termes de bénéfices attendus de sa fréquentation sur la future réussite scolaire. À partir de 1990, place est également faite à une politique systématique d'évaluation des élèves.

Le rôle de l'école maternelle dans les parcours scolaires

Dès la fin des années 1960, avec la mise en place de réformes structurelles portant sur l'accès de tous les élèves du primaire à l'enseignement secondaire, la volonté de réduire les inégalités sociales devant l'école conduit à placer en amont de la scolarité obligatoire et des apprentissages proprement scolaires, l'espoir de compenser les différences des socialisations familiales. C'est notamment ce qu'affirme Edgar Faure, dans le journal *l'Éducation* le 20 février 1969 :

> C'est entre deux et six ans que se joue l'essentiel de la chance d'une profonde démocratisation de l'enseignement. L'école maternelle, premier instrument de justice sociale, est seule capable de compenser un peu l'inégalité fondamentale de l'origine sociale. (cité par CRESAS, 1974, p. 114)

Avec sa généralisation progressive à tous les milieux sociaux[1], la diversité des élèves de l'école maternelle apparaît

---

[1] La fréquentation de l'école maternelle par l'ensemble des enfants de cinq ans est réalisée en 1970, celle des quatre ans en 1980, celle des trois ans en 1995. À cette date, la fréquentation des enfants de deux à trois ans atteint 35,5 %. Depuis le début des années 2000, elle est en régression et se chiffre à 11 % en 2012 (MEN, 2013). La loi de refondation de l'école de 2013 entend relancer une scolarisation précoce ciblée sur les zones urbaines ou rurales défavorisées.

comme une donnée et l'enjeu fondamental devient celui de sa démocratisation qui s'impose pour : « prévenir les difficultés scolaires, dépister les handicaps et compenser les inégalités », pour reprendre les termes de la loi relative à l'éducation de 1975. D'où le développement d'une double série d'épreuves visant à mesurer la valeur scolaire de l'école maternelle : celles qui consistent à montrer son poids dans la réussite scolaire ultérieure ; celles qui étudient sa capacité à réduire les inégalités sociales devant l'école (Garnier, 2012a). À terme, avec les transformations de son curriculum, ce n'est plus seulement l'école maternelle dont la grandeur proprement scolaire est mise à l'épreuve, mais son public : non plus des « enfants » dont il importe de s'assurer du bon développement et des acquisitions, mais des « élèves » dont il s'agit de mesurer les résultats scolaires.

Mise à l'épreuve des enfants et évaluation des élèves

Publiées en 1977 dans le cadre de la réforme du système éducatif, les directives nationales pour l'école maternelle mettent l'accent sur une « pédagogie du développement » et une « pédagogie des situations ». Pour former leur sens de la responsabilité et leur esprit critique, il est souligné à plusieurs reprises que les enfants doivent être impliqués dès le plus jeune âge dans « l'appréciation des résultats de leur action ». En grande section, l'enfant doit pouvoir déterminer ses propres critères d'évaluation, au lieu d'être « toujours soumis aux critères de jugement de l'adulte et parfois rendu coupable d'une manière arbitraire » (cité par Luc, 1982, p. 320). À partir des années 1980, en même temps que l'évolution du curriculum institutionnel et des modèles d'apprentissage-enseignement, cette auto-évaluation va être marginalisée au profit d'une formalisation et d'une publicisation des procédures d'évaluation. L'évaluation sort pour ainsi dire de la classe pour être mise en scène, aussi bien au niveau local, en particulier entre parents et enseignants, qu'au niveau des politiques publiques éducatives.

Avec la loi sur l'éducation de 1989, en même temps que des dispositifs nationaux d'évaluation sont créés pour la troisième année de l'école élémentaire et à l'entrée au collège, une injonction inédite porte sur l'évaluation des compétences des élèves de maternelle. Lancé en 1990, un *Livret de compétences* doit évaluer l'enfant tout au long de ses trois ou quatre années à l'école maternelle. Le ministère publie en 1991 une liste des « compétences à acquérir au cours de chaque cycle » qui s'ajoute aux *Orientations pour l'école maternelle* de 1986 et est ensuite intégrée dans les programmes de 1995. Issu du monde de l'entreprise, ce « modèle des compétences » (Ropé et Tanguy, 2000), joue un rôle décisif dans la possibilité même d'une évaluation des jeunes enfants. En particulier, il fait converger une école maternelle refusant jusqu'ici notation et classement scolaires, dont les pratiques d'évaluation sont diffuses et implicites, parfois référées à des normes de développement de l'enfant, avec une école élémentaire traditionnellement imprégnée d'une culture de la note et du travail écrit. L'école maternelle se trouve à son tour inscrite dans une entreprise de construction d'indicateurs et de standards sur les performances des élèves qui participent d'une nouvelle gouvernance et régulation des systèmes scolaires (Dutercq et Cuculou, 2013).

Livret scolaire et dispositifs d'évaluation des élèves

En 2001, des outils d'évaluation et d'aide aux apprentissages des élèves sont mis en place pour la grande section et le cours préparatoire au niveau national, par la Direction générale de l'enseignement scolaire du ministère (DGESCO). Dans leur publication de 2010, intitulée *Outils d'aide à l'évaluation des acquis des élèves à la fin de l'école maternelle*, l'évaluation porte sur les connaissances et compétences dans trois domaines des programmes : « maîtrise de la langue » (s'approprier le langage, découvrir l'écrit), « découvrir le monde » (les mathématiques, notamment) et « devenir élève ». Elle exclut donc les domaines d'activité, « agir et s'exprimer avec son corps », relatif aux activités physiques et celui relatif à la « sensibilité, l'imagination, la création », qui mobilisent le regard et le geste, la voix et l'écoute. En ce sens, elle renforce la hiérarchie socio-institutionnelle des activités en maternelle et fait écho à la forte hiérarchie des disciplines scolaires qui, à partir de l'école élémentaire, donne une place marginale à une culture corporelle et artistique (Garnier, 2005).

Selon les injonctions institutionnelles, l'évaluation des connaissances et compétences acquises peut se faire soit par observation directe des élèves en situation de classe ou par l'observation de leurs productions à l'aide d'un guide d'observation ; soit par des prises d'information dans des situations conçues pour l'évaluation. Mais, de fait, les outils d'évaluation proposés en 2010 donnent une place prépondérante aux fiches écrites, en précisant les modalités de passation des épreuves par les élèves, au même titre qu'un examen. La nature écrite des épreuves vise à objectiver les résultats de l'enfant et à laisser des traces qui peuvent être communiquées à d'autres : collègues, parents, corps d'inspection. La capacité de l'enfant à « devenir élève » et, en particulier, la compétence à « dire ce qu'il apprend », fait également l'objet d'une évaluation :

> En fin de grande section, il importe de s'assurer que les élèves savent prendre de la distance par rapport à ce qu'ils font, perçoivent des enjeux qui dépassent la fin de la tâche, font la distinction entre « faire quelque chose » et « savoir » ou « savoir-faire ». [...] L'enfant sait justifier une réalisation, une réponse. Il est en mesure de mettre en rapport une production avec la consigne donnée ou avec des critères de réussite énoncés précédemment pour s'assurer qu'il a réalisé et réussi ce qui était demandé. Il est capable de distinguer ce qui a été « fait » (les activités matérielles) et ce qui a été « appris » ou « travaillé » (le contenu même des activités ; les enjeux de connaissances ou de savoir-faire). (MEN, 2010, p. 44)

Il faut repérer dans cette forte exigence de réflexivité demandée aux élèves vis-à-vis de leurs apprentissages scolaires, la diffusion institutionnelle et la retraduction normative de travaux relatifs aux inégalités sociales des élèves devant l'école. Il s'agit notamment de ceux portant sur le « métier d'élève », initiés par Perrenoud (1984), et ceux portant sur la « secondarisation » des savoirs scolaires (Bautier, 2006 ; Joigneaux, 2009). L'important pour favoriser la réussite scolaire serait d'expliciter aux élèves les implicites du travail scolaire :

> […] ce non-dit semble les gêner pour *construire le lien entre réussir et comprendre, entre le faire et l'apprendre,* un apprendre alors qui ne serait pas qu'un apprendre à faire. (Bautier, 2001, p. 8, souligné dans le texte)

Le souci de lever les implicites et les malentendus entre les élèves et les attentes de l'école est non seulement désormais intégré au curriculum scolaire, mais il est devenu à son tour formalisé en tant qu'épreuve scolaire pour les élèves et injonction pour les enseignants. Cela témoigne des effets sociaux des recherches sur les inégalités sociales de réussite scolaire et la capacité des institutions à instrumentaliser les analyses critiques des chercheurs (Boltanski et Chiapello, 1999). Le paradoxe étant ici que cette exigence de réflexivité ne va pas de pair avec une participation des élèves aux processus et dispositifs d'évaluation dans la mesure où il leur est demandé pour l'essentiel de vérifier la conformité de leurs productions avec les consignes de l'enseignant. Enfin, la prescription institutionnelle véhicule une conception essentiellement individualiste et décontextualisée des apprentissages. Ce faisant, elle déplace le poids des contraintes qui s'exercent au niveau collectif sur la seule responsabilité individuelle de l'élève.

En 2008, la création d'un livret scolaire national est au principe d'un bilan des acquisitions des élèves en fin d'école maternelle qui prend comme référence son programme. L'année 2012 marque une récente impulsion donnée au développement et à la formalisation de l'évaluation des élèves à travers la publication nationale d'une version de ce livret scolaire spécifique pour la maternelle. À la différence des outils présentés ci-dessus, il comprend les domaines des activités physiques et artistiques, même si ces domaines représentent 11 compétences sur les 48 présentées dans ce livret. Le livret donne la possibilité d'évaluer ces 48 compétences une à cinq fois par an, pour les trois sections, soit au total 720 évaluations pour l'ensemble de l'école maternelle. Il comprend également quatre « bilans périodiques » pour chacune des trois sections, devant préciser ce qu'il faut consolider, c'est-à-dire « les parties du programme qui doivent être retravaillées à l'école, à la maison, ou dans des structures d'aide et de soutien ». Chacun de ces bilans doit être daté et signé à la fois par l'enseignant et les parents qui peuvent y écrire leurs observations respectives.

Ce livret scolaire est explicitement conçu comme « instrument de liaison avec les parents qui attestent progressivement des compétences et connaissances acquises par chaque élève », en même temps que l'enfant/l'élève lui-même disparaît complètement de cette évaluation. Également présenté comme un « outil d'information destiné aux parents et donc la base de leur dialogue avec les enseignants », il tend à réduire le rôle du parent à sa plus simple expression, valider le jugement du professeur des écoles, et à considérer les résultats scolaires, comme seul objet légitime de leurs relations. Autant dire que ce livret conforte et durcit considérablement ce qui représente un modèle particulier de la coéducation entre école et famille, celui entre un expert, un « spécialiste des apprentissages » scolaires, pour reprendre la formule du référentiel de compétences de l'ensemble des enseignants, de la maternelle au lycée, et des parents uniquement définis par leurs défaillances dans ce domaine (Garnier, 2010a).

L'évaluation du point de vue des parents

L'observation dans trois classes de petite section de trois écoles maternelles de la région parisienne, très contrastées du point de vue des caractéristiques socioculturelles de leur public[2], fait apparaître un usage systématique du travail sur fiches écrites pour les apprentissages dans le domaine de la maîtrise de la langue et en numération. Cependant leur quantité et leur accompagnement varient en fonction de l'organisation de la classe. Dans une classe en particulier, l'enseignante prend systématiquement un seul petit groupe d'élèves le matin pour les accompagner dans ce travail, alors que dans les deux autres classes, c'est l'ensemble des élèves qui le réalisent en même temps, avec l'aide de l'Atsem (Agent spécialisé des écoles maternelles). Dans ces deux classes, les enseignants procèdent également à des évaluations systématiques et les communiquent aux parents au cours d'entretiens individuels auxquels ils sont, disent-ils, « convoqués », deux fois par an. Dans la première classe, au contraire, l'enseignante refuse cette évaluation. La réunion avec les parents de cette classe de petite section en début d'année a donné lieu à une remise en cause particulière du livret d'évaluation, dont nous ont fait écho plusieurs des parents lors des entretiens. Ces témoignages n'ont pas prétention à être représentatifs de la position de l'ensemble des parents, mais ils permettent d'éclairer les enjeux d'une évaluation formalisée qu'il s'agisse de la critiquer ou au contraire de la justifier.

Le livret d'évaluation : un objet controversé

Dans un premier temps, c'est l'existence même d'un livret d'évaluation pour la petite section que découvrent les parents des enfants de trois ans. Plusieurs soulignent que cette découverte va de pair avec une véritable surprise face au caractère scolaire de la maternelle, en premier lieu l'idée même d'un « programme » pour les enfants de cet âge.

---

[2] Sur les caractéristiques de ces écoles et sur le travail d'enquête, voir Garnier (2010a). Une recherche sur l'accueil collectif des enfants de deux à trois ans, divisé en France entre scolarisation précoce et structures petite enfance (Garnier, Rayna, Brougère et Rupin, 2016) montre que les pratiques d'évaluation sont précisément un des rares objets de débats entre l'enseignante et l'éducatrice de jeunes enfants qui travaillent ensemble dans une classe passerelle.

> *Je pense à la réunion de Loan [enseignante], elle nous a présenté le programme et les parents souriaient parce que pour nous c'est des bébés qui apprennent à peine à marcher [...].*
>
> Q : *Est-ce qu'il y a des parents qui demandaient des livrets d'évaluation, des choses précises ?*
>
> *C'était très tendu justement, parce qu'une maman, d'abord nous n'étions pas très nombreuses, une maman a demandé s'il y avait pas un cahier de liaison, moi je ne sais pas et ça a très vite dégénéré. D'autres parents ont commencé à se moquer, après ça, et elle, elle était vraiment mal à l'aise ; elle était mal comprise, ça c'est très vite enflammé. [...] Là on a glissé dans un débat qu'on peut pas vraiment développer et que c'était pas le sujet de la réunion, donc euh, tout le monde était contre l'idée de ce carnet. Elle ne parlait pas de carnet de liaison mais de carnet d'évaluation. Et, moi j'y avais jamais pensé, parce que pour moi, l'école est obligatoire à partir de six ans, et l'école maternelle est une transition peut-être de la famille pour aller à l'école, mais pour moi c'était pas vraiment l'école. ».*
> (Mère de Sacha, petite section)

Lors de cette réunion de rentrée, l'idée d'un « carnet d'évaluation », à distinguer de celle d'un « carnet de liaison », contredit pour une large partie des parents présents une conception de l'école maternelle comme moment de transition entre la famille et l'école et le caractère facultatif de sa fréquentation. Elle suscite un large consensus contre elle, au point où la réunion semble basculer dans un débat houleux, la plupart des parents critiquant son existence et prenant à partie la seule mère qui la défend. Parmi les parents mobilisés pour cette réunion, le sentiment partagé est celui d'un « choc » d'avoir à faire face au « poids » des résultats scolaires, dès l'entrée en maternelle, au lieu que ces enjeux et leur emprise sur la vie familiale soient différés au moment de la scolarité obligatoire, à l'entrée en école élémentaire à six ans. Si les parents sont conscients et mobilisés par l'importance de la réussite scolaire pour la future réussite sociale et professionnelle de leur enfant, la maternelle devrait être épargnée par cette emprise des jugements scolaires.

> *Mais ils font le A par exemple, je ne m'attendais pas à ça en maternelle, enfin je ne m'attendais pas qu'ils soient assez scolaires. […] Quand ça va pas, ça devient vite un poids et, je vois ça comme ça parce qu'on est d'une famille où la réussite scolaire c'est important aussi. Mais du coup, plutôt aller dans l'autre sens, pas que c'est pas important mais c'est pas tout non plus. Le cahier d'évaluation, ça nous a tous choqué, nous…, ça doit choquer la première année de maternelle ; on s'est dit ouh la la !* (Mère de Roman, petite section)

En accord avec le refus des parents d'un tel cahier d'évaluation, l'enseignante de cette classe se trouve à son tour sommée de se justifier. Elle met en valeur un processus continu d'acquisition des jeunes enfants, au lieu des scansions produites par des épreuves formelles. Elle dénonce aussi le danger de catégoriser les élèves, voire de les stigmatiser ou d'accorder une valeur prédictive aux résultats obtenus. Le positionnement de cette enseignante participe d'ailleurs aux multiples critiques qu'a suscité le projet d'une politique de détection précoce des enfants dits « difficiles », à travers la création d'un collectif et la publication d'un manifeste, *Pas de zéro de conduite pour les enfants de trois ans* (Ben Soussan et Bellas-Cabane, 2006). C'est aussi en différenciant les destinataires d'une telle évaluation qu'elle se positionne, en distinguant le monde des professionnels et celui des familles.

> *Je pense que la réponse de Loan était juste, c'est-à-dire que l'acquisition est une dynamique et on ne va pas commencer à sanctionner, à faire des catégories. Elle a expliqué : « Moi, j'en fais pour les dossiers personnels, pour les autres maîtres » ; mais elle a dit à la maman : « je pense que vous seriez…, ça serait désagréable pour vous de voir que votre enfant n'a pas progressé sur tel ou tel point. » Peut-être les parents prendraient mal la chose. […] Je suis sûre qu'elle a raison, parce que les parents auraient du mal à lire ces carnets, parce qu'on est trop subjectif, on n'a pas le même regard sur l'enfant ; on est vraiment mal placé. Moi, il me semble que ça va cristalliser nos angoisses.* (Mère de Sacha, petite section)

Aux yeux de l'enseignante, la mise en « dossier » de l'évaluation se justifie comme outil de coordination à des fins professionnelles, non pas comme message adressé aux familles, avec la crainte que, quand tout ne va pas bien, les parents l'interprètent dans un sens qui ne soit pas celui attendu. C'est ce à quoi souscrit pleinement la mère de Sacha : il est impossible pour les parents d'avoir un regard objectif sur leur enfant. Un regard extérieur, détaché des relations familiales, est par excellence l'affaire d'un professionnel, circonscrit au seul monde des professionnels. Par opposition, le regard des parents, celui des mères par excellence, lui apparaît pleinement « subjectif », susceptible même d'aveuglement, dans la mesure où il est avant tout « affectif ». Si on entend par le mot affection, une capacité d'être immédiatement touché et affecté par ce qui arrive à l'enfant, elle ne va pas sans préoccupations permanentes pour l'enfant qu'un livret d'évaluation pourrait « cristalliser », c'est-à-dire durcir en pointant des défaillances de l'enfant qui ne manquent pas de renvoyer aux défaillances des parents, tant sont étroits les liens d'interdépendance au sein de la famille.

Un outil de dialogue entre parents et enseignants ?

Pourtant, un livret d'évaluation peut être digne d'intérêt aux yeux des parents dans la mesure où il peut faire office de « moyen de communication » avec l'enseignante. De fait, une mère regrette a posteriori l'absence de livret qui fait apparaître un déficit plus général de communication sur la vie de l'enfant et ses apprentissages.

> *Elle* [Loan] *a dit qu'elle est contre ce genre de chose, parce qu'on n'évalue pas un enfant, mais il y a une maman qui a dit que c'est pas le fait d'évaluer, mais d'établir un moyen de communication pour savoir un peu où on en est, effectivement au niveau des différentes acquisitions sans le prendre comme un carnet de notes. […] du coup, on n'a pas de moyen de communication. C'est vrai j'ai du mal à savoir ce que fait Inès…* (Mère d'Inès, petite section)

Le livret d'évaluation représente un élément spécifique des rapports entre familles et école, à côté d'autres types d'écrits et de dispositif de collaboration et de participation des parents (Garnier, Kherroubi et Monceau, 2008). En particulier, il témoigne d'une reconnaissance formelle accrue des droits des parents d'élèves au sein de l'institution scolaire. Mais, au mieux, il indique des résultats, jamais les processus d'apprentissage du côté de l'enfant et les critères de réussite du côté de l'enseignant. C'est dire qu'il présente des difficultés de lecture de la part des parents, la plupart n'ayant accès qu'à une mesure brute (pour ne pas dire brutale) des résultats, sans pouvoir comprendre ce qu'ils signifient du point de vue de l'enseignant et de leur enfant. Ainsi, interrogés sur ce qu'ils comprennent des fiches réalisées par leur enfant, la quasi-totalité des parents s'attache uniquement à l'appréciation qu'en a faite l'enseignant. Les difficultés des parents à comprendre ce qui est en jeu dans l'évaluation vont de pair avec l'inégale capacité des enseignants à leur donner des prises pour comprendre ce qui y importe, par exemple pour distinguer une tâche de coloriage d'un travail mathématique sur le dénombrement d'une collection d'objets. Au pire, les parents ont accès au seul code choisi par l'enseignant (ex. des pastilles de couleur), au mieux, les parents ont accès à un résultat, un produit de l'activité de l'enfant, non pas aux processus et à ses manières de faire.

En ce sens, l'évaluation renforce une conception utilitariste et asymétrique de la collaboration entre enseignants et parents, quand c'est essentiellement en négatif, à travers les problèmes et les difficultés des élèves qu'elle fait apparaître, qu'elle se trouve justifiée (Garnier, 2012b). La communication peut sembler superflue quant à l'inverse tout va bien : « Jessica, il n'y a rien à dire », s'entend dire sa mère à la remise de son livret de compétences. Le message de l'enseignant semble clair : dans la mesure où « tout va bien », ses préoccupations prioritaires vont nécessairement et légitimement aux parents dont l'enfant est confronté à des difficultés. C'est aussi tout l'ensemble de la vie quotidienne de l'enfant à l'école maternelle qui est comme relégué au personnel de service (les agents territoriaux spécialisés des écoles maternelles) (Garnier, 2010b). Enfin, on peut mettre en relation cette extension d'une évaluation standardisée et ce déficit d'accès aux processus d'apprentissage déployés par l'enfant avec le développement de l'usage par les familles, à la maison, de produits parascolaires, comme les cahiers d'activités pour chaque section de la maternelle. Ces formes de compromis entre jeu et travail séduisent à la fois enfants et parents qui savent jouer de leurs ambiguïtés, autorisant aussi bien un divertissement qu'une évaluation des enfants dans le cadre familial (Garnier, 2013).

La difficulté est précisément de ne pas réduire ce qui est évalué à ce qui est directement objectivable et visible, ce qui est aussi facilement transportable, comme le sont des fiches standardisées d'exercices. En outre, l'explicitation des critères d'évaluation rigidifie les attentes, durcit les pratiques pédagogiques, enserre enfants et enseignants dans un carcan de prescriptions : « la chasse aux critères "implicites" a exaspéré le poids des critères les plus explicites » (Rancière, 1998, p. 99). Ce type d'évaluation exclut donc tout ce qui relèverait d'un « épanouissement » des enfants, en premier lieu tout ce qui touche au développement de leur personne, comme la confiance et l'estime de soi, l'expression et la maîtrise des émotions... ainsi que ses dimensions relationnelles comme l'empathie, la coopération... La mise en valeur des seuls résultats tangibles à court terme conduit à ignorer paradoxalement un rapport à soi et aux autres qui est essentiel dans les processus d'apprentissage. On touche ici à cette difficulté que représente l'évaluation dans une « pédagogie invisible » favorisant une formation globale de la personne des enfants (Bernstein, 1975). L'accent mis dans d'autres pays, par exemple dans les structures préscolaires de Pistoïa en Italie, sur la « documentation » des apprentissages ouvre des pistes pour repenser avec les enfants des manières d'appréhender non pas des résultats mais des cheminements, non pas des compétences individuelles, mais des savoirs faire collectifs, non pas des standards définis *a priori* par et pour l'école, mais des outils de collaboration avec les parents dans une démarche participative (Rayna et Bouve, 2013).

Conclusion

Depuis les années 1970, l'importance de l'école maternelle n'est mesurée institutionnellement qu'à travers son rôle sur le devenir scolaire des enfants. À leur tour, les prescriptions officielles sur les pratiques d'évaluation à l'école maternelle se sont centrées sur les acquis scolaires des élèves, avec une formalisation plus poussée des procédures, un accroissement des exigences en matière de compétences à évaluer, et un affichage croissant de la place des parents en tant que destinataires de l'évaluation. Mais si cette évaluation standardisée en termes de compétences scolaires s'impose aujourd'hui comme la forme institutionnelle légitime, elle n'a pas fait disparaître dans les classes d'autres formes de jugement professoral, relatives notamment au développement ou au caractère de l'enfant (Morel, 2012). En outre, comme le fait apparaître une récente consultation nationale, ce type d'évaluation pose problème aux enseignants :

> Ils souhaitent qu'on évalue moins, qu'on laisse plus de temps aux élèves pour acquérir la maturité nécessaire aux apprentissages. [...] En conclusion : « préférer l'épanouissement à l'évaluation (surtout en Petite Section) ». (MEN, 2013, p. 22)

Nul doute que les exigences croissantes d'évaluation dans leur forme scolaire pèsent lourdement sur l'ordinaire du métier quand les enseignants ont le sentiment d'y passer leur temps, d'avoir des comptes à rendre aux parents d'élèves et à leur hiérarchie, d'être soumis à un impératif de justification, à des normes de rentabilité et d'efficacité.

S'il faut bien sûr inscrire cette scolarisation de l'évaluation à l'école maternelle dans le rapport particulier que la société française entretient avec son système scolaire, en termes d'emprise du diplôme et de cohésion sociale (Dubet, Duru-Bellat et Vérétout, 2010), la scène internationale montre également des mouvements convergents de scolarisation de l'éducation des jeunes enfants (Kaga, Benett et Moss, 2010).

Loin d'être seulement un outil de régulation de l'activité de l'enseignant et du travail d'équipe au sein des écoles, l'évaluation des acquis des élèves est devenue un instrument obligé de gouvernance des systèmes scolaires. Elle participe des dispositifs d'imputabilité (traduction de *accountability*), qui font aussi objet de critiques d'une mise en concurrence à tous les niveaux, des individus aux États, en passant par les écoles, et d'une réduction du curriculum aux seuls contenus qui font l'objet des épreuves scolaires (Maroy, 2011).

Cette emprise scolaire conduit également à invisibiliser ou relativiser d'autres principes de jugement, comme celui sur la qualité de l'accueil et le bien-être des enfants qui sont au cœur d'une évaluation des formes de vie collective destinées aux enfants de moins de trois ans. La question du bien-être des enfants à l'école est une question récente en France, comme en témoigne l'organisation d'un premier colloque en 2011 par le ministère de la Santé (Galtier, 2013). Dans leur dimension relative à l'hygiène et la santé de l'enfant, ces préoccupations sont loin d'être nouvelles à l'école maternelle, mais elles participaient alors d'une définition de l'institution comme « œuvre sociale » (Herbinière-Lebert et Léandri, 1954). Reste qu'objectiver la mesure d'un bien-être, comme celle de la qualité de l'accueil des jeunes enfants, n'est pas plus simple qu'objectiver des résultats scolaires. Cette évaluation de la qualité fait elle-même objet de débats, opposant sa standardisation à une mise en dialogue des différents points de vue des acteurs, celui des enfants notamment (Dahlberg, Moss et Pence, 2012). En somme, à travers la multiplicité des échelles de mesure qu'elle peut mobiliser, l'évaluation des institutions éducatives repose bien sur des choix éthiques et politiques qui dépassent des questions d'expertise professionnelle et gagneraient à mobiliser l'ensemble des parties prenantes, y compris les jeunes enfants.

CHAPITRE II

L'évaluation dans les écoles maternelles françaises.
Quelles cohérences pour quels effets ?

Christophe JOIGNEAUX

Par la publication de nouveaux programmes de l'école maternelle au début de 2015, les responsables politiques français ont cherché à initier la « refondation de l'école » par le tout début du cursus, qu'on n'hésite donc plus à qualifier de scolaire. Pourtant, dans le fond, ces nouveaux programmes tentent d'infléchir le mouvement de scolarisation qui aurait gagné les classes de maternelle. En effet, faisant suite à un rapport de l'inspection générale (Bouysse, Claus et Szymankiewicz, 2011) et des consultations des enseignants de maternelle (*cf.* notamment MEN, 2013), dans lesquels était souvent dénoncé le mouvement de « primarisation » qui aurait touché l'école maternelle française, ces nouveaux programmes semblent constituer une rupture de ce point de vue : ils prônent un retour à ce qui constituerait les « fondamentaux » de l'école maternelle française, notamment en mettant au centre le développement de l'enfant par les jeux, les activités artistiques et physiques...

Ce paradoxe peut expliquer la lenteur de l'élaboration de ces nouveaux programmes, dont la publication a été maintes fois annoncée et reportée. Ce qui constituerait un nouvel indice des débats persistants dont est l'objet la préscolarité ou la première scolarité en France. En effet, depuis la mise en place des cycles à l'école primaire au début des années 1990, le statut de l'école maternelle est en question. Alors que dans les années 1970, et même encore dans les années 1980, l'école maternelle française était jugée exemplaire pour le reste du monde (*cf.* MEN, 1986), sa nature (première école/structure d'accueil de la petite enfance parmi d'autres) et l'ordre de ses missions a commencé à faire débat dès lors que s'est institutionnalisée la volonté d'assurer la continuité des apprentissages au sein des cycles de l'école primaire. Ce souci accru de préparer les apprentissages programmés au CP (premières conceptualisations de la lecture, de l'écriture, du nombre...) a semblé, pour beaucoup de praticiens et de commentateurs[1], entrer en conflit avec les missions plus traditionnellement dévolues à l'école maternelle, tels les soins apportés au jeune enfant et la nécessité de respecter ses besoins et ses capacités pour favoriser le développement de sa personnalité et de sa créativité, ce dernier objectif étant devenu prégnant durant les années qui ont suivi mai 1968 (Chamboredon et Prévot, 1973). Les dernières consultations des enseignants, évoquées plus haut, montrent que ce débat est toujours d'actualité. Sans doute parce que les fondations pédagogiques, qui permettraient de concilier les missions propédeutiques et « développementales » de l'école maternelle, ne sont pas encore solidement établies.

Hypothèse que peut conforter une lecture des nouveaux programmes attentive non seulement à ce qu'ils prescrivent mais aussi à ce qu'ils dénoncent plus ou moins explicitement. Le paragraphe spécifiquement consacré à l'évaluation à l'école maternelle (intitulé *Une école qui pratique une évaluation positive*) est, de ce point de vue, particulièrement instructif. Il commence en effet par énoncer ce que l'évaluation ne doit pas être : « elle n'est pas un instrument de prédiction ni de sélection ». Pourquoi une telle mise en garde, si ce n'est pour dénoncer, de façon à peine voilée, des pratiques existantes et de promouvoir l'approche « positive » prescrite : « Chaque enseignant s'attache à mettre en valeur, au-delà du résultat obtenu, le cheminement de l'enfant et les progrès qu'il fait par rapport à lui-même » (MEN, 2015) ? Comme si cela n'allait pas encore de soi et qu'il

---

[1] Cf. les différentes livraisons de la revue professionnelle *Éducation enfantine* au début des années 1990.

fallait une nouvelle fois « enfoncer le clou » pour que cette approche soit vraiment mise en pratique.

Les programmes de 2015 opposent donc deux modèles d'évaluation à l'école maternelle. D'un côté, un modèle scolaire au sein duquel ne prévaudrait que le « résultat obtenu », à des fins de prédiction et de sélection. De l'autre, un modèle plus « positif », car davantage soucieux du cheminement de l'enfant et des progrès qu'il réalise, mesurés non pas à l'aune d'une norme extérieure, préétablie, mais étalonnés par ses évaluations précédentes et ses « réussites passées », pour reprendre une expression également employée dans ce paragraphe. L'antagonisme de ces deux modèles semble renvoyer aux tensions évoquées plus haut, nées de la rencontre de deux « ordres » de missions confiées à l'école maternelle, un ordre qui se veut déjà scolaire pour assurer la continuité des apprentissages au sein de l'école primaire, et un ordre soucieux du respect du développement de l'enfant. Dans ce cadre de pensée sont ainsi opposés la « simple » et « scolaire » prise en compte des résultats des élèves relatifs à des apprentissages programmés, à l'« au-delà » de ces résultats, c'est-à-dire les processus de développement qui en seraient les ferments.

Jusqu'à quel point cette présentation fait-elle justice aux pratiques évaluatives observables dans les écoles maternelles françaises ? Ne caricature-t-elle pas ce qu'elle dénonce, comme a pu le faire en son temps Pauline Kergomard[2] à propos des pratiques pédagogiques des salles d'asile (Luc, 1997), pour mieux les faire évoluer ? Si tel est le cas, ne peut-on pas tout de même cerner des cohérences sous-jacentes aux pratiques actuelles ? Et, ce faisant, des effets probables ? Est-ce possible dans le contexte actuel, de penser autrement l'évaluation à l'école maternelle ?

---

[2] Pauline Kergomard (1838-1925) est une des principales promotrices de l'école maternelle « moderne ». Nommée déléguée générale des salles d'asile en 1879 par Jules Ferry, elle a été, de 1881 à 1917, l'une des premières inspectrices générales des écoles maternelles.

C'est pour répondre à ces questions que nous avons constitué deux échantillons de « livrets scolaires » (parfois aussi nommés « cahiers de réussite », « livrets maternelle »…) : le premier est composé d'une trentaine de livrets, utilisés dans des écoles de l'académie du Nord-Pas de Calais durant l'année scolaire 2013-2014 ; le second est constitué d'une vingtaine de livrets utilisés en Seine-Saint-Denis durant l'année 2014-2015. Ces choix sont avant tout pragmatiques, c'est-à-dire liés aux opportunités que nous avons eues d'y avoir accès. Nous avons en revanche volontairement choisi de prendre chaque année des livrets émanant d'une seule académie. Ce sont les parties de ces livrets consacrées aux évaluations des domaines d'activité[3] relevant du langage oral et écrit qui seront le plus systématiquement analysées. Ces choix doivent permettre de comparer plus rigoureusement les résultats obtenus, par la réduction du biais que pourraient constituer trop de variations concomitantes (académies, domaines d'activité analysés…). Un second corpus est composé d'entretiens semi-directifs réalisés auprès de 28 des enseignants utilisant ces livrets. En effet, nous n'avons pas voulu nous contenter d'analyser les traces laissées par les pratiques d'évaluation, qui sont très dépendantes des livrets que les enseignants n'ont pas toujours choisis, mais aussi à leurs conceptions de l'évaluation, des objectifs qu'ils se donnent ou des difficultés qu'ils rencontrent en évaluant. L'analyse de ces deux corpus a été prolongée par la confrontation des constats auxquels elle aboutissait avec les résultats de nos précédentes recherches, notamment celles qui sont relatives aux dispositifs et supports pédagogiques aujourd'hui les plus utilisés à l'école maternelle ainsi qu'à la construction des inégalités scolaires dès la maternelle. Compte tenu de la nécessaire concision de ce chapitre, nous avons choisi d'illustrer nos principaux constats au moyen des livrets ou entretiens qui nous ont semblé les plus emblématiques des idéaux-types que nous avons construits au cours de l'analyse.

---

[3] Jusqu'en 2015, les programmes français de l'école maternelle étaient organisés par domaines d'activité, et non par disciplines scolaires.

Ce mode de présentation a l'inconvénient de lisser les différences ou les nuances entre les pratiques ou les supports d'évaluation, et de donner à voir des cas extrêmes. C'est pourquoi nous chercherons à tenir compte de ce biais lors de la discussion des différents résultats ainsi obtenus.

Quelles cohérences ?

Les livrets scolaires en eux-mêmes

Pour analyser les livrets ainsi réunis, nous avons dans un premier temps comparé l'ordre et les intitulés des domaines d'activité et des compétences présents qu'ils contiennent et ceux des programmes alors en vigueur, ceux de 2008 (par la suite PM). En prenant en compte le fait que ces derniers sont plus concis que les précédents (ceux de 2002 notamment), ce qui n'est pas sans incidence sur le nombre et la précision des compétences qui le composent : moins nombreuses, elles sont souvent plus globales que celles qu'on peut trouver dans les programmes de 2002. Nous nous attendions donc à ce que les compétences présentes dans les livrets soient plus nombreuses et précises, pour être plus opérationnelles. De ce point de vue, nos attentes n'ont pas été déçues, bien souvent au-delà de nos espérances, comme nous allons le voir.

Premier niveau d'analyse : la présentation et la structure générale des livrets. Ce qui frappe au premier abord, c'est leur extrême diversité. Outre la variété de la terminologie employée pour les qualifier (*cf.* plus haut), le format de ces livrets peut différer, certaines ou toutes les compétences évaluées peuvent être illustrées d'un dessin (surtout dans les plus petites classes), les codes pour renseigner le degré d'acquisition sont aussi très variables (couleurs, points, croix, lettres…). Cela semble témoigner de leur origine diverse : locale, car issus du travail mené au sein d'une circonscription dans laquelle se trouve l'école, ou de l'équipe enseignante d'une école, voire production personnelle d'un seul enseignant (nous l'avons vérifié lors des entretiens) ; à l'autre extrême, on trouve des livrets plus standardisés, souvent publiés par des grands éditeurs de l'éducation. Nous reviendrons plus loin sur cette diversité dans la conception des livrets. De façon plus étonnante, l'ordre et l'intitulé des domaines d'activité, dans lesquels sont ventilées les différentes compétences évaluées, ne sont pas toujours ceux des programmes de 2008. C'est la raison pour laquelle nous avons décidé d'analyser ces changements, ce que nous n'avions pas prévu de faire. Plus précisément, nous avons essayé de comprendre ce qui avait pu justifier de telles modifications en confrontant les intitulés des livrets à ceux qu'on peut trouver dans les PM mais aussi dans les programmes de l'école élémentaire.

Prenons l'exemple d'un livret en usage en Seine-Saint-Denis, durant l'année 2014-2015. Il est composé des domaines d'activité suivants : *S'exprimer/Comprendre ; Graphisme-écriture/Se préparer à la lecture ; Mathématiques-Sciences ; Agir et s'exprimer avec son corps ; Devenir élève ; Activités artistiques*. Le premier domaine (*S'exprimer/Comprendre*) correspond à deux des sous-domaines composant le premier domaine d'activité du PM, intitulé *S'approprier le langage*. En revanche, le second domaine (*Graphisme-écriture/Se préparer à la lecture*) ne reprend qu'un sous-domaine, *Se préparer à apprendre à lire et à écrire*, du domaine *Découvrir l'écrit* des PM, le plus tourné vers les apprentissages du cycle 2, et l'item *Lecture-écriture* des programmes du cycle 2. Donc, rien qui corresponde au premier sous-domaine *Se familiariser avec l'écrit* des PM, qui est le plus traditionnel à l'école maternelle, mais aussi le moins tourné vers la mission propédeutique de cette dernière. De même, le troisième domaine de ce livret (*Mathématiques-Sciences*) est déjà très scolaire, puisqu'il n'est pas dans les PM, alors que la discipline *Mathématiques* apparaît en tant que telle dès le cycle 2, et celle de *Sciences* dès le cycle 3. Alors que les intitulés des deux domaines suivants (*Agir et s'exprimer avec son corps ; Devenir élève*) sont ceux du PM, ce n'est pas le cas pour le dernier domaine (*Activités artistiques*), qui est assez proche de la qualification utilisée au début de l'école élémentaire : *Pratiques artistiques*.

Second niveau d'analyse, celui des compétences présentes dans ces livrets, et de leur formulation. Sur ce plan aussi, on trouve une grande diversité. Prenons deux cas assez différents. Le premier est constitué par l'ensemble des compétences composant le domaine *graphisme* d'un livret de Toute Petite Section. En voici quelques formulations : « Réaliser des points au doigt dans une forme dessinée », « Réaliser des points au doigt sur un point précis », « Coller des gommettes dans une forme dessinée », « Coller des gommettes sur un point précis »... Comme on peut le voir, ces compétences sont très précisément définies, en termes d'actions évaluées mais aussi des contextes dans lesquelles ces dernières sont réalisées. Ces compétences correspondent à des consignes très détaillées et des supports non moins précis. Elles semblent de ce fait très faciles à évaluer car leur « niveau » d'acquisition peut être facilement quantifié (ex. la présence ou non de gommettes dans une forme dessinée, puis leur nombre dans et en dehors de cette forme) et être directement associé à une situation ou un exercice donné.

C'est beaucoup moins le cas en ce qui concerne l'extrait de livret ci-dessous (*cf.* tableau I). Surtout en ce qui concerne les trois premières compétences, qui peuvent être évaluées dans des contextes (situations, supports, exercices...) très différents et qui sont plus difficilement quantifiables. Pour n'évoquer que la première compétence, son évaluation peut en effet porter sur un grand nombre de types d'écrits et l'action de reconnaître est moins facilement quantifiable que le nombre de gommettes situées dans ou à l'extérieur d'une forme dessinée. En outre, cette compétence est double car cette reconnaissance des types d'écrits est articulée à la possibilité que les élèves aient « une première idée » de leurs fonctions. La mesure de l'existence ou non de ce type d'idée paraît encore moins aisée que ce qui concerne la première partie de cette compétence. En outre la connaissance des types d'écrits peut très bien ne pas s'accompagner d'une « première idée » de leur fonction. Cette première différence par rapport au livret précédent peut s'expliquer par une seconde : les mêmes compétences peuvent être évaluées sur plusieurs années, parfois tout au long de la scolarité en maternelle, comme la compétence « se repérer dans un livre et l'espace d'une page ». Dans ces conditions, les compétences de ce livret ne peuvent pas être spécifiées de façon trop détaillée, au risque sinon de ne pouvoir être évaluées d'un niveau de classe à l'autre.

Tableau I : Extrait de livret

Maîtrise de la langue française								
S'approprier l'écrit								
NIVEAU	Tout-petits		petits		moyens		grands	
PERIODE	1	2	1	2	1	2	1	2
Reconnaître les types d'écrits rencontrés dans la vie quotidienne et avoir une première idée de leur fonction								
Se repérer dans un livre et l'espace d'une page								
Dire comptines, poèmes ou autres textes en adoptant un ton approprié								
Distinguer les syllabes d'un mot prononcé								
Localiser une syllabe : D'attaque								
Localiser une syllabe : rime								
Associer 2 images : simples								
Associer 2 images : complexes								
Reconnaître son prénom : Parmi ceux de la classe								
Reconnaître son prénom : Parmi des prénoms de graphies proches								
Tenir son crayon correctement								
Ecrire son prénom en majuscule d'imprimerie								
Copier en écriture cursive des mots simples								
Ecrire son prénom de mémoire en cursive								
Copier une phrase en cursive								
Reconnaître les lettres de l'alphabet								
Ecrire les lettres de l'alphabet sous dictée								
Distinguer lettre mot								
Connaître des textes du patrimoine								
Connaître les mots outils								
Associer l'écriture scripte et cursive des mots								

Nous avons écrit plus haut que la relative concision des PM avait pour corollaire un faible nombre et une formulation relativement décontextualisée des compétences qui y figurent, et que par conséquent il fallait s'attendre à trouver des compétences plus précisément définies dans les livrets. Mais, comme nous venons de le constater, ce travail de transposition est plus ou moins fourni selon les livrets. Il est maximal dans les livrets qui proposent une évaluation des compétences par périodes de l'année, voire au cours d'une seule année : les formulations qu'on peut y trouver sont très différentes de celles qui sont présentes dans les PM. Pour ne reprendre que l'exemple déjà travaillé de la compétence « Coller des gommettes dans une forme dessinée », on n'en trouve pas une équivalence, même vague, dans les PM : ce qui s'en rapprocherait le plus étant l'objectif d'« apprendre les gestes de l'écriture ». Alors que, pour reprendre un autre exemple déjà travaillé, celui de la compétence « reconnaître les types d'écrits rencontrés dans la vie quotidienne et avoir une première idée de leur fonction », le rapprochement peut être plus facilement fait avec les formulations suivantes des PM : « découvrir les supports de l'écrit » et « identifier les principales fonctions de l'écrit ».

Tous ces constats nous ont conduits à dégager deux types idéaux de livrets scolaires utilisés actuellement dans les écoles maternelles françaises. Le premier peut être baptisé de « scolaire », tant il partage de caractéristiques avec les pratiques d'évaluation en usage durant la suite du cursus scolaire. S'en rapprochent les deux premiers livrets ici analysés. Reprenons, pour caractériser ce premier idéal-type, les différents constats que nous avons établis à leur propos : ils sont composés de compétences très liées à des contextes précis d'évaluation, c'est-à-dire à des situations, des activités (exercices) et des supports très particuliers ; de ce fait, elles sont rarement évaluées durant plus d'une année scolaire, plus régulièrement durant des périodes de quelques mois ; ces compétences sont rattachées à des domaines d'activité dont les qualifications rappellent ou sont identiques aux disciplines scolaires qui apparaissent durant la scolarité élémentaire.

En regard, on peut distinguer un second type de livrets, qui idéalement ne partageraient aucune de ces caractéristiques. Dans les faits, c'est rarement le cas, comme nous avons pu le constater à propos du troisième exemple de livrets analysés, qui est composé de compétences à la fois transversales (les trois premières, en particulier) et plus contextualisées (comme la dernière compétence de la page reproduite : « associer l'écriture scripte et cursive des mots »). C'est la raison pour laquelle nous avons décidé que seuls les livrets qui partagent la caractéristique d'évaluer sur plusieurs années des compétences relativement transversales et moins disciplinaires, relèvent de ce second type idéal. C'est pourquoi nous les avons qualifiés de « développementalistes » : l'évaluation plus progressive de compétences davantage transversales peut permettre de rendre compte sinon du développement de l'enfant, du moins de ses « progrès » sur plusieurs années préscolaires.

C'est ainsi que nous sommes arrivés au décompte suivant : dans le premier échantillon, près des deux tiers des livrets se rapprochent de l'idéal-type scolaire (et donc un tiers de l'idéal-type développementaliste) ; dans le second, c'est le cas pour 90 % d'entre eux. Au-delà de cette comptabilité nécessairement réductrice car conduisant à mettre « dans les mêmes sacs » des livrets qui peuvent être différents sous plusieurs rapports, quelques remarques. La première concerne la dépendance possible entre l'orientation (développementaliste/scolaire) des livrets et les niveaux de classe de maternelle dans lesquels ils sont utilisés. On pourrait penser qu'il y a davantage de livrets « développementalistes » dans les plus petites classes. Ce n'est pas le cas, à l'instar du deuxième exemple analysé dans ce chapitre, qui, comme nous l'avons vu, est en usage dans une Toute Petite Section. L'orientation des livrets ne semble donc pas dépendre du niveau de classe dans lequel ils sont utilisés. Cela peut s'expliquer par le fait que les livrets de nos échantillons sont le plus souvent propres à une classe donnée, c'est-à-dire qu'ils sont très rarement utilisés dans plusieurs classes d'une même école. Seconde remarque : les livrets les plus « développementalistes » sont ceux qui sont les plus proches de l'esprit des PM dans la mesure où ce sont ceux qui reprennent le plus les formulations des compétences qu'on peut trouver dans ces PM. De là on pourrait conclure que même les

PM sont davantage « développementalistes » que la plupart des livrets scolaires en usage dans les écoles de maternelle, un paradoxe compte tenu de ce qu'ont écrit la majorité des commentateurs les concernant (*cf.* Meirieu, 2009)[4]. Dernière remarque à partir de la question suivante : cette analyse conforte-t-elle le diagnostic concernant les pratiques actuelles d'évaluation figurant dans les nouveaux programmes de 2015 (*cf.* plus haut) ? Elle la nuance et la précise dans la mesure où elle donne à voir une plus grande diversité des pratiques existantes d'évaluation. À moins que le plus grand nombre de livrets d'orientation scolaire dans le second échantillon ne traduise une évolution sur deux années scolaires, le premier (second) échantillon étant composé de livrets utilisés durant l'année scolaire 2013-2014 (2014-2015). Mais cela est difficilement vérifiable, compte tenu de la taille réduite des échantillons ici analysés. La plus forte proportion de livrets « scolaires » dans le second échantillon peut en effet tout aussi bien être attribuée aux différences de contextes dans lesquels ils sont utilisés, généralement plus « difficiles » en Seine-Saint-Denis. En effet, certaines recherches (Kherroubi et Rochex, 2004) ont fait l'hypothèse que dans les contextes d'exercice du métier les plus difficiles, les enseignants ont davantage tendance à ne mesurer que des réussites ponctuelles, au prix d'une plus grande contextualisation de leurs enseignements et donc d'une moindre transférabilité des apprentissages qu'ils permettent.

Les supports et les pratiques d'évaluation

Pour mieux comprendre ces différents constats, nous nous intéressons maintenant non plus seulement aux livrets, mais aux façons dont ils sont remplis par les enseignants avec

---

[4] « Malgré quelques correctifs et une introduction bienveillante, les programmes de l'école primaire de 2008 sont pour l'essentiel, un ensemble d'objectifs d'apprentissages techniques séparés les uns des autres, identifiables et évaluables indépendamment de tout projet de développement global que l'on pourrait avoir pour l'enfant. » (Meirieu, 2009, p. 54)

lesquels nous nous sommes entretenus et qui utilisent un certain nombre d'entre eux. Concernant tout d'abord les supports pédagogiques à partir desquels ces livrets sont renseignés. Comme l'analyse des livrets les plus scolaires le laissait supposer, la plupart des compétences les composant sont évaluées à partir de fiches auxquelles elles sont souvent strictement associées (à une fiche correspond une compétence, et une seule). Compte tenu des constats que nous avons pu faire dans d'autres recherches (Joigneaux, 2014), cela n'est pas étonnant, étant donné que ce type de support pédagogique tend à « régner en maître » dans les classes de maternelle depuis les années 1980. De ce point de vue, les fiches ont l'avantage pratique de pouvoir être « corrigées » après coup, à partir des traces que peuvent laisser les activités des élèves. Point besoin donc d'observer continuellement les élèves pour évaluer leurs compétences, surtout quand ces dernières sont suffisamment contextualisées pour être associées à une consigne donnée dans une fiche. Quand ce n'est pas le cas, beaucoup d'enseignants nous ont fait part de leur difficulté à renseigner les compétences les plus transversales, surtout celles qui touchent à l'acquisition du langage oral (ex. « Réagir à une sollicitation » ; « Écouter dans le but de répondre »…). Ils ont alors l'impression de devoir remplir ces compétences « à l'aveugle »[5], pour reprendre une des expressions employées par l'un d'eux.

Concernant les pratiques d'évaluation de façon plus générale, une écrasante majorité des enseignants nous ont fait part de leur insatisfaction à leur égard et du « temps perdu » qu'ils passent à remplir les livrets. Certains parlent même à ce propos d'une « corvée », ou d'un « mal nécessaire » pour satisfaire les exigences sur ce plan de l'institution ou des parents. Très peu les considèrent donc comme un outil de travail pertinent. D'autant que la nature impersonnelle de beaucoup de livrets (*cf.* ce que nous avons écrit plus haut à ce

---

[5] Les expressions entre guillemets de cette section sont tirées des transcriptions que nous avons faites à partir des entretiens réalisés avec les enseignants de notre échantillon.

propos) ne leur convient pas, qu'« il y a beaucoup de cases à remplir » et que, par conséquent, « c'est beaucoup trop lourd pour ce que ça représente ». D'où le peu d'appropriations dont ces livrets semblent être l'objet, ce dont peut témoigner l'espèce de mélange de genre que constituent d'un côté une palette assez large de compétences renseignées et de l'autre des appréciations très générales et « à l'ancienne » sur « ce qu'est » tel(le) élève, sans liens évidents avec le reste du livret (ex. « Excellent travail d'Amélie. Élève sérieuse et motivée. C'est très bien »). Ce que peut corroborer le fait que certains enseignants nous ont confié avoir eu régulièrement des velléités de changer les livrets, voire de ne plus en avoir du tout, surtout dans les plus petites sections. Mais encore une fois, compte tenu de la « pression » institutionnelle et parentale, beaucoup hésitent à « sauter le pas » de ce point de vue.

Pourquoi un tel malaise de la part des praticiens autour de l'évaluation à l'école maternelle ? Beaucoup nous ont confié « ne pas savoir comment s'y prendre » dans la mesure où ils n'ont reçu aucune formation sur ce plan. Certains avouent même qu'ils ont « beaucoup de mal » à associer les compétences du livret à des situations d'apprentissage. Une autre explication tient, on l'a vu, à l'origine de ces livrets, à la conception desquels les enseignants interrogés n'ont pas été systématiquement associés. Cela donne parfois l'impression que les livrets, voire l'évaluation en elle-même, ont été imposés aux enseignants de maternelle, sans qu'ils aient été associés à une quelconque réflexion les concernant. D'où une attitude souvent hostile à leur égard. Une dernière explication possible, liée à la précédente, peut être trouvée dans une des caractéristiques de presque tous les livrets de l'échantillon, que nous avons peu évoquée jusqu'ici : la quasi-totalité des codes utilisés pour renseigner les degrés d'acquisition des différentes compétences évaluées permettent ou même nécessitent de faire la part entre ce qui est acquis, ce qui ne l'est pas et ce qui est en cours d'acquisition. Presque tous les enseignants que nous avons interrogés nous ont fait part de leur difficulté, voire de l'impossibilité, de situer de façon fiable ce niveau intermédiaire. Par exemple :

> *Je ne sais pas trop comment la* [la colonne des compétences en cours d'acquisition] *remplir. Alors je le fais un peu au hasard... au petit bonheur la chance [sourire] ! Je mets souvent des « en cours d'acquisition » à des élèves quand je veux les encourager... pour qu'ils n'aient pas des non acquis partout [rires].*

Quels effets probables... et remèdes à ces effets ?

Il ressort de ces différents constats que la technicité des livrets scolaires actuellement en usage à l'école maternelle semble tourner à vide, au sens où elle n'est pas instrumentée par la grande majorité des enseignants pour mieux évaluer les acquis de leurs élèves, sans parler de leurs progrès. Mais est-ce uniquement parce que ces enseignants n'ont pas été formés à faire un bon usage de tels supports d'évaluation ? Nous avons en effet également constaté que cet usage dépendait aussi largement des différents supports pédagogiques actuellement employés, telles en particulier les fiches. Lesquelles ont tendance à faire correspondre strictement un type d'exercice à une compétence. Or, une analyse un peu poussée de ces fiches et de leurs usages possibles montre que, compte tenu de leur complexité sémiotique actuelle (Joigneaux, 2014), ce type d'équivalence est forcément réductrice, car il laisse sans doute dans l'ombre des compétences qui peuvent expliquer beaucoup plus transversalement des réussites ou des difficultés récurrentes des élèves, et ce faisant participe au creusement des inégalités dès l'école maternelle. En particulier, à aucun moment il n'est question dans les livrets de notre échantillon de la faculté des élèves à exploiter les ressources de l'écrit pour mieux penser la cohérence de leur activité intellectuelle passée ou à venir. Or, nous avons pu montrer que ce type de disposition faisait déjà la différence, dès ce niveau de la scolarité (Joigneaux, 2009 ; 2015).

Enfin, si l'on prend au sérieux l'hypothèse selon laquelle on ne pourra prévenir les inégalités dès l'école maternelle que lorsqu'on sera davantage capable d'évaluer les différences de développement entre les enfants, comme semblent le supposer les nouveaux programmes, on peut penser que la presque totalité de ces livrets, au-delà de leurs différences plus ou moins marquées, souffrent d'un défaut constitutif. Alors même que la plupart d'entre eux se donnent formellement l'objectif de mesurer non seulement des produits mais aussi des processus d'acquisition (avec le fameux niveau intermédiaire « en voie d'acquisition »), ils ne donnent pas les moyens aux enseignants d'indiquer comment sont mesurés ces processus. En toute cohérence avec la philosophie vygostkienne[6] qui sous-tend les textes officiels relatifs à l'école maternelle[7] depuis la fin des années 1980 (Brougère, 1995), il faudrait en effet ajouter des distinctions entre ce que les élèves sont capables de faire seuls (on mesure alors des produits) et ce qu'ils ne réussissent qu'avec les étayages de tuteurs (Bruner, 1983), que ce soit des élèves plus avancés ou leur enseignant (on mesure alors des processus de développement). Dans nos échantillons, nous avons trouvé un seul exemple de livret comportant ce type de distinction (*cf.* Bastide, sous presse). Ce n'est qu'à cette condition que les enseignants pourront un peu mieux rendre compte de ce qui se passe dans la « zone proximale de développement » de chaque enfant. Condition nécessaire, mais nullement suffisante dans la mesure où il faudrait aussi que les enseignants puissent observer ces interactions de tutelles et

---

[6] Vygotski est en effet un des premiers chercheurs, avec la notion de zone proximale de développement, à attirer l'attention sur la nécessité, dans une perspective développementale, d'évaluer les processus d'acquisition (intériorisation) de compétences, au-delà des produits auxquels ils conduisent plus ou moins nécessairement (Vygotski, 1934/1997).

[7] Sur le plan de l'évaluation, les derniers programmes sont presque ouvertement vygotskiens puisqu'ils indiquent que « Chaque enseignant [...] est attentif à ce que l'enfant peut faire seul, avec son soutien (ce que l'enfant réalise alors anticipe sur ce qu'il fera dans un avenir proche) ou avec celui d'autres enfants » (MEN, 2015, p. 2).

leurs produits, ce qui n'est pas toujours le cas dans les situations actuelles d'évaluation, surtout lorsqu'elles sont faites au moyen de fiches sur lesquelles les élèves travaillent au sein d'ateliers autonomes. Dans ce type de situation, les enseignants ne sont pas en mesure d'apporter des étayages en temps réel aux démarches de leurs élèves, mais seulement de vérifier après coup, à partir des traces laissées par les activités de ces derniers, la conformité ou des écarts par rapport à une norme préétablie, donc encore une fois des résultats plutôt que des processus d'acquisition. On le voit, un renversement complet du paradigme de l'évaluation à/dès l'école maternelle est conditionné par des bouleversements pédagogiques majeurs qui autoriseraient les enseignants non seulement à étayer, mais aussi à mesurer les fruits de cet étayage, dans de meilleures conditions. Mais existe-t-il d'autres voies pour sortir de l'impasse et dépasser les contradictions actuelles auquel conduit depuis de nombreuses années dans de nombreux pays de l'OCDE (Eurydice, 2009) le balancement perpétuel entre deux modèles pédagogiques, l'un plutôt scolaire, l'autre plutôt centré sur le développement de l'enfant ?

DEUXIÈME PARTIE

SUISSE ROMANDE

CHAPITRE III

Pratiques évaluatives en Suisse Romande : quelques exemples de l'école enfantine

Anne MEYER

Introduction

De nombreux changements sont apparus dans le paysage scolaire de Suisse romande (partie francophone de la Suisse) ces dernières années, notamment en ce qui concerne l'école enfantine, suite à la ratification au concordat HarmoS (CDIP, 2007). Ce concordat, proposé par les différents départements de l'instruction publique des cantons suisses, se veut une harmonisation des systèmes éducatifs en vigueur. Entre autres innovations, cette première étape de la scolarité est devenue obligatoire dès l'âge de quatre ans, accompagnée d'une nouvelle approche curriculaire. L'intention majeure est d'assurer une meilleure intégration de tous les jeunes élèves et une réduction des inégalités. Les récentes orientations ont plus particulièrement pour conséquence le fait d'introduire le débat de l'évaluation sur le terrain de l'école enfantine. Ce chapitre vise donc à mettre en évidence les enjeux actuels et les tensions qui accompagnent la création d'outils institutionnels d'évaluation des apprentissages à l'école enfantine, en Suisse romande.

Dans un premier temps, un rappel historique permettra de situer l'école enfantine et les modèles pédagogiques en vigueur depuis les années 1990 jusqu'aux changements actuels. Puis, nous examinerons les transformations survenues en prenant appui sur le principe de subsidiarité pour éclairer l'élaboration d'un tel processus, des fondements politiques aux réalisations pédagogiques dans les classes. Ensuite, par une recension des textes cadres et légaux, la question de l'évaluation à l'école enfantine sera abordée et illustrée d'exemples de mises en œuvre contrastées, dans trois cantons romands. Enfin, les résultats d'une recherche réalisée dans les cantons de Genève et Vaud auprès d'enseignantes de l'école enfantine et de la première année primaire[1] permettront d'appréhender les pratiques évaluatives au cours du premier cycle scolaire, ceci avant les changements introduits par le concordat HarmoS.

Rappel historique

La compréhension des spécificités de l'école enfantine mérite un bref retour en arrière afin de mieux appréhender les évolutions de ces dernières décennies. Les cantons suisses sont souverains en matière d'instruction publique. Ils décident librement de leurs orientations et de la mise en œuvre des législations édictées au sein de chaque gouvernement cantonal. Toutefois, depuis la ratification du concordat HarmoS, certains points deviennent contraignants.

La gestion de la formation scolaire par chaque canton romand représente un cas spécifique en soi. Avant les changements générés par la ratification du concordat HarmoS, l'école enfantine n'était pas obligatoire, tout en étant généralement incluse dans les différents départements d'instruction publique. La formation des enseignantes[2] relevait également des mêmes instituts de formation que celle des enseignants du primaire, avec une spécificité orientée sur le degré préscolaire. Même facultative, elle est déjà fréquentée par la quasi-totalité des jeunes enfants et généralement prévue sur une année scolaire (Wannack, Sörensen Criblez et Gilliéron

---

[1] 3P dans le système actuel (HarmoS).
[2] Nous employons volontairement le féminin, car l'immense majorité du corps enseignant de l'école enfantine est constitué de femmes.

Giroud, 2006). Dès les années 1970, émerge le besoin, au niveau romand, de soutenir les raisons d'être de l'école enfantine et la nécessité de créer une certaine unité dans les pratiques d'enseignement afin d'établir plus solidement sa légitimité. Se pose dès lors la question d'une refonte des objectifs de l'école enfantine, qui aboutit à l'écriture des *Objectifs et activités préscolaires* (CDIP, 1992), adoptés par les cantons romands et le Tessin, suivis d'un autre texte, *Une école enfantine, pourquoi ?* (IRDP, 1993). On y retrouve l'esprit de pédagogues comme Frœbel ou Montessori, dont la vision prône une large place à l'expérience personnelle de l'élève, à la manipulation d'objets et à l'expérience au travers du jeu.

Les orientations pédagogiques décrites traduisent une approche globale de l'enfant, se centrant sur le développement social et la construction de la personne. La classe est considérée comme un lieu d'observation formative, les relations sont fréquentes avec les familles. Dès le milieu des années 1990, un glissement progressif de l'organisation et des contenus enseignés est relevé (CIIP, 2007). On observe peu à peu une « primarisation » des deux premières années de l'école enfantine, caractérisée par une évolution vers un modèle plus transmissif. Ce modèle se distingue par un enseignement guidé selon un curriculum structuré et planifié, préfigurant ce qui se déroule au primaire. Le positionnement de l'école enfantine comme un moment à part dans la scolarité d'un élève perd insensiblement ses spécificités, se rapprochant d'un enseignement primaire (Gilliéron Giroud, Meyer et Veuthey, 2014).

Contexte scolaire actuel en Suisse

La mise en œuvre du concordat HarmoS dans les différents systèmes scolaires cantonaux ne saurait se concevoir sans une présentation de ce qui fait la particularité du fédéralisme suisse.

Principe de subsidiarité

Ce principe suppose qu'une action publique est remise à la plus petite entité capable de la résoudre et pose ainsi le questionnement des prescriptions officielles en regard des mises en œuvre cantonales. En référence à la Constitution fédérale de la Confédération suisse[3], les cantons, autonomes en matière de scolarité obligatoire, ont la compétence et la responsabilité de penser les lois scolaires et d'organiser leur application. Toutefois, un besoin de coordonner leurs actions émergeant vers les années 1970, les départements de l'instruction publique des différents cantons ont créé une institution intercantonale, la Conférence des directeurs de l'instruction publique (CDIP) dans l'intention de collaborer. La CDIP agit à titre subsidiaire, c'est-à-dire qu'elle remplit les tâches que les cantons ne peuvent assumer et pour lesquels une action commune a été décidée

Concordat HarmoS

Au tournant du XXIe siècle, les chefs des gouvernements cantonaux de l'instruction publique, réunis par la CDIP, décident de réactualiser les dispositions d'un premier concordat. Naît ainsi le concordat HarmoS en juin 2007[4], suite à un référendum au niveau national, accepté en 2006. Il entre en vigueur en 2009. Le concordat n'a pas force de loi, les cantons conservant leur souveraineté en matière d'éducation. Toutefois, il devient contraignant lorsque ces derniers l'ont ratifié. Les sept cantons romands[5] y ont adhéré entre 2008 et 2010, ce qui a eu pour conséquence une refonte ou une révision des lois scolaires pour la plupart d'entre eux.

---

[3] Voir à ce propos l'article 62 de la Constitution fédérale de la Confédération suisse, concernant l'instruction publique : https://www.admin.ch/opc/fr/classified-compilation/19995395/index.html

[4] Voir à ce propos le lien présentant le concordat HarmoS : http://edudoc.ch/record/24710/files/HarmoS_f.pdf

[5] Vaud, 2008 ; Jura, 2008 ; Neuchâtel, 2008 ; Valais, 2008 ; Genève, 2008 ; Berne, 2009 ; Fribourg, 2010.

*Tableau II : Principe de subsidiarité,
pour le cas du concordat HarmoS*

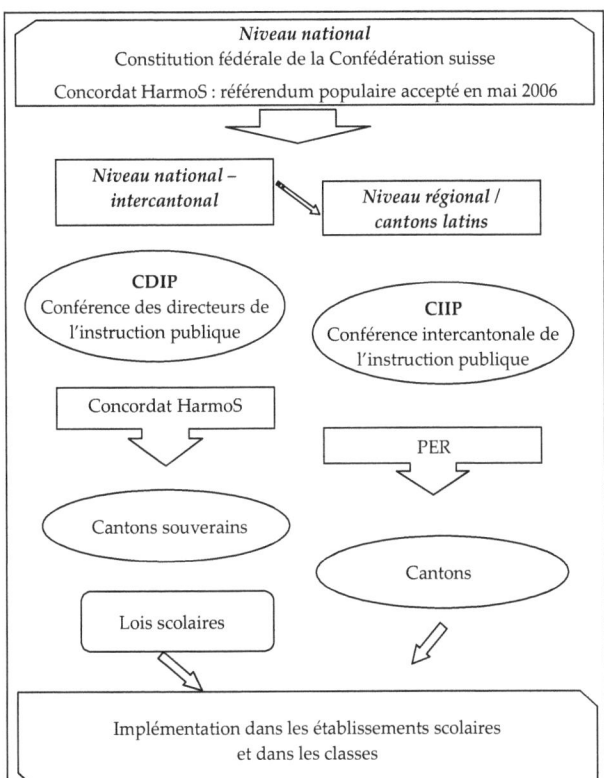

À un niveau intermédiaire du déroulement du principe de subsidiarité, nous trouvons également la Conférence intercantonale de l'instruction publique (CIIP), regroupant les cantons latins (les six cantons francophones et le Tessin, italophone). Ce niveau favorise la coordination entre les cantons membres et le renforcement des intérêts régionaux en matière de formation et de culture. La CIIP a eu notamment pour mission l'écriture d'un plan d'études romand, le PER (CIIP, 2010)[6], ainsi que la

---

[6] Voir à ce propos la page web concernant le PER et les moyens d'enseignement : http://www.plandetudes.ch/ ; et plus spécifiquement le

planification et l'organisation de la mise à disposition de moyens d'enseignement. L'introduction du PER et des moyens d'enseignement est à la charge de chaque canton. Le tableau précédant (*cf.* tableau II) résume les différents niveaux politiques impliqués dans les changements induits par la ratification du concordat HarmoS.

Les contraintes liées à cette ratification, ainsi que l'implémentation du Plan d'études romand ne sont pas sans effets sur l'école enfantine, soulevant notamment la question de l'évaluation des apprentissages.

Évaluation à l'école enfantine

Au niveau romand, la proposition d'une évaluation formative à l'école enfantine, mettant en valeur une démarche d'apprentissage et non pas ses résultats, est affichée dès les années 1990 (IRDP, 1993). Parallèlement, les ambitions des réformes entreprises à cette même époque sont revues à la baisse lors de la décennie suivante, avec notamment pour conséquence un repli sur des modalités d'évaluation sommative. L'introduction du PER et des nouveaux moyens d'enseignement, liée à l'obligation scolaire dès quatre ans, questionne la nécessité ou non d'une évaluation à l'école enfantine. Les cantons y apportent des réponses locales et fort diverses. Ces changements se déroulent dans un contexte troublé, une partie du corps professoral se trouvant heurté par les perspectives annoncées[7].

---

cycle 1, dont fait partie l'école enfantine : http://www.plandetudes.ch/documents/10136/19192/cycle_1_webCIIP.pdf/bf117c20-b8c1-4140-88e2-fd431a9680b2

[7] Voir par exemple les prises de position des enseignants-es de l'école enfantine du canton de Genève : http://www.spg-syndicat.ch/index.php/dossiers/evaluation.

Une analyse documentaire[8], complétée par la présentation de supports créés à cet effet, va nous permettre d'éclairer les orientations cantonales concernant l'évaluation à l'école enfantine.

Textes cadres

Les documents recensés relèvent de différents niveaux politiques, partant du niveau national (CDIP : concordat HarmoS, 2007), régional (CIIP : Convention scolaire romande, Déclaration sur les finalités de l'école ; PER, 2010), puis cantonal (lois scolaires et règlements d'application des différents cantons). Les textes légaux et les instructions officielles cantonales posent les jalons de la question de l'évaluation pour les élèves de quatre à cinq ans.

Niveau intercantonal, CDIP : concordat HarmoS

La Conférence des directeurs de l'instruction publique (CDIP) a proposé le concordat HarmoS en vue d'une harmonisation des systèmes éducatifs des vingt-six cantons suisses. Le concordat (2007) précise que l'école enfantine permet à l'enfant de progresser sur la voie de la socialisation tout en se familiarisant avec le travail scolaire. Il est relevé que le temps d'apprentissage de cette première étape de scolarité dépend du développement intellectuel de l'enfant et de sa maturité affective. Aucune mention n'est faite concernant les évaluations-bilans au niveau de l'école enfantine.

Niveau régional romand, CIIP : deux textes-cadres

Au niveau régional des cantons latins, la Conférence intercantonale de l'instruction publique (CIIP) défend des intérêts correspondant à des intentions plus locales. Deux

---

8   Ce texte fait suite à la présentation d'un symposium au 26e colloque de l'ADMEE : Gilliéron Giroud, P. et Meyer, A. (2014, janvier). *Prescriptions officielles et outils d'évaluation des apprentissages à l'école enfantine en Suisse romande.*

textes, la Convention scolaire romande[9] et la Déclaration sur les finalités et les objectifs de l'École publique[10], définissent les lignes directrices et les nouvelles structures de l'école publique en Suisse romande. Le premier texte ne précise rien concernant l'évaluation. Par contre, le deuxième affirme que « l'évaluation est indissociable de l'apprentissage en tant qu'instrument de régulation du progrès de chaque élève » (p. 3).

Niveau régional romand, CIIP : le Plan d'études romand

Le Plan d'études romand (PER ; CIIP, 2010) est la référence que chaque enseignant doit privilégier pour choisir les contenus d'enseignement et guider ses pratiques professionnelles. Il est avant tout un texte-cadre décrivant les visées prioritaires et les objectifs d'apprentissage concernant cinq champs disciplinaires (langues, mathématiques et sciences de la nature, sciences humaines et sociales, arts, corps et mouvement). À ces approches disciplinaires s'ajoutent le développement des capacités transversales individuelles et une formation générale éducative. Cette triple approche des apprentissages concerne l'ensemble des onze années d'école obligatoire.

À chaque discipline correspondent des « attentes fondamentales » décrivant les acquisitions nécessaires à la poursuite des apprentissages. Une mention relative à la question de l'évaluation y est esquissée (*cf.* Présentation générale, PER, 2010). Deux dimensions décrivent l'évaluation, d'une part une composante formative par la régulation des apprentissages, et d'autre part, une composante sommative par des indications en vue de la vérification des acquis fondamentaux.

Concernant l'école enfantine, le PER présente un texte soulignant le rôle des apprentissages fondamentaux (CIIP, 2010a, p. 24). Sans évoquer directement l'évaluation des

---

[9] Voir à ce propos la Convention scolaire romande : http://www.ciip.ch/documents/showFile.asp?ID=2176.

[10] Voir à ce propos la Déclaration sur les finalités et les objectifs de l'École publique : http://www.ciip.ch/documents/showFile.asp?ID=2521.

apprentissages, il relève la part active que l'élève doit prendre pour construire les instruments favorisant ses acquis et son intégration dans le monde scolaire. Il y est notamment précisé l'importance des deux premières années du cycle qui s'articulent autour de trois aspects essentiels : la socialisation, la construction des savoirs et la mise en place d'outils cognitifs (voir Clerc-Georgy et Truffer Moreau dans cet ouvrage).

Niveau cantonal

Dans chaque canton, les législateurs ont élaboré des lois et des règlements d'application concernant l'école obligatoire. Leur examen met en évidence les deux dimensions de l'évaluation, l'apport du formatif par la régulation des apprentissages et l'aspect sommatif au travers des bilans. Les évaluations sont régulièrement effectuées dans l'année scolaire. On lit la nécessité d'un rendre compte de la progression de ces apprentissages. Tout en mentionnant l'importance des apprentissages disciplinaires, ces textes soulignent la nécessité de développer des apprentissages transversaux. Enfin, les textes rappellent l'obligation de la communication des évaluations aux différents interlocuteurs : à l'élève pour situer ses connaissances et compétences, aux parents qui connaîtront les résultats de leur enfant et à l'institution scolaire afin de statuer sur le parcours scolaire.

Concernant l'école enfantine, dans les textes cantonaux

Une lecture plus fine des textes cantonaux orientée sur la manière dont les enjeux de l'école enfantine sont décrits met en évidence les points suivants :

1. l'appellation « école enfantine » est majoritairement maintenue, bien que ces deux premières années d'école appartiennent au premier cycle primaire ;
2. les spécificités de l'école enfantine sont affirmées ;
3. toutefois, des buts particuliers ne lui sont plus attribués ;

4. l'évaluation formative est affirmée comme centrale pour soutenir la régulation des apprentissages disciplinaires et transversaux ;
5. l'évaluation de la progression des apprentissages disciplinaires et transversaux est également mise en avant, supposant une démarche sommative ;
6. en regard de ces textes cadres, le passage de l'école enfantine vers l'école primaire est en principe automatique.

Prenant toujours appui sur le principe de subsidiarité, quels sont dès lors les choix des cantons pour l'élaboration de nouveaux supports d'évaluation-bilan au niveau de l'école enfantine ? L'examen de trois mises en œuvre nuancées en Suisse romande mettra en évidence d'une part les souverainetés cantonales en matière d'éducation et d'autre part les différentes interprétations quant à la question de l'évaluation à l'école enfantine.

Trois cas de figure

Une démarche comparative présente la situation des cantons de Genève, de Berne (partie francophone) et du canton de Vaud. Elle s'appuie sur l'analyse des outils élaborés par chacun de ces cantons, à partir des sept points suivants : le nom du support, sa fréquence d'utilisation sur l'année scolaire, les objectifs évalués, le code utilisé pour évaluer, les destinataires de l'outil, ainsi que le type de décision qui découle de l'évaluation. Un tableau résume chaque situation par la déclinaison des points évoqués.

Premier cas, support d'évaluation-bilan : canton de Genève

L'école enfantine genevoise appartient au cycle élémentaire de la scolarité primaire qui recouvre les quatre premières années d'école. Le support, présenté en tant que « livret scolaire »[11] (*cf.* tableau III ci-dessous), rend compte de la progression des apprentissages et contient les évaluations des apprentissages de l'élève, comprenant ainsi les deux premières années. Ce bulletin doit être complété d'un dossier d'évaluation et de rencontres trimestrielles entre enseignants et parents afin d'accompagner la transmission du livret scolaire.

Tableau III : Support genevois, « Livret scolaire »

Nom	Livret scolaire
Fréquence	Trimestriel
Objectifs transversaux visés	Apprentissage dans la vie scolaire : • prise en charge de son travail personnel • relations avec les autres enfants et les adultes • collaboration avec ses camarades • respect des règles de vie commune
Code utilisé	Appréciations de la progression : • très satisfaisante • satisfaisante • peu satisfaisante
Objectifs disciplinaires visés	Connaissances et compétences (dernier trimestre de 2ᵉ enfantine)
Code utilisé	Appréciations de la progression : • très satisfaisante • satisfaisante • peu satisfaisante
Destinataires	Parents et institution
Type de décision	Pas spécifié

Sa fréquence d'utilisation est trimestrielle, l'élève est évalué en référence au PER. Les apprentissages transversaux sont évalués sous la rubrique « apprentissages de la vie scolaire » et déclinés selon quatre axes. Cette première rubrique sera

---

[11] Une version du support genevois est visible à l'adresse suivante : ftp://ftp.geneve.ch/dip/Rentree07/EP4_Livret_scolaire_2007.pdf

évaluée tout au long de la scolarité primaire. Des appréciations qualifient la progression dans ces apprentissages en termes de « très satisfaisante » (progression avec aisance), « satisfaisante » (progression avec quelques difficultés) ou « peu satisfaisante » (peu ou pas de progression, malgré l'aide apportée).

Les apprentissages disciplinaires sont évalués lors du troisième trimestre de la deuxième année enfantine, en termes d'acquisition des connaissances et compétences. Ce document est destiné aux parents, attesté de leur signature et de celle de l'enseignant, ainsi qu'à l'institution. Le redoublement durant le cycle élémentaire ou moyen ne peut être décidé qu'à titre exceptionnel, une seule fois durant la scolarité primaire.

Deuxième cas, support d'évaluation-bilan : canton de Berne (partie francophone)

Dès 2012, la partie francophone du canton de Berne a conduit un certain nombre de changements. Ceux-ci portent notamment sur les procédures d'évaluation à l'école enfantine, incluant le document officiel *Bilan des apprentissages*[12] (*cf.* tableau IV) pour y parvenir. L'observation et l'évaluation dans les premiers pas de la scolarité obligatoire sont estimées indispensables et doivent être réalisées chaque année. (Merkelbach et Riesen, 2013).

L'évaluation se construit à partir des descripteurs du PER, comprenant les « capacités transversales » et la « formation générale ». Ces descripteurs sont relevés pour leur part importante dans les apprentissages fondamentaux à acquérir par la suite. Les champs disciplinaires sont évalués au travers des activités habituellement menées en classe, par les observations et les constats effectués par l'enseignant.

---

[12] Une version du support bernois est visible à l'adresse suivante : http://www.erz.be.ch/erz/fr/index/kindergarten_volksschule/kindergarten_volksschule/informationen_fuereltern/beurteilung_04/rapports_d_evaluatio n.assetref/dam/documents/ERZ/AKVB/fr/02_Beurteilung_Uebertritte/beurt eilung_86979_08.13_S_bilan_EE_modele.pdf.

Tableau IV : Support bernois, « Bilan des apprentissages »

Nom	Bilan des apprentissages
Fréquence	Facultatif en 1re année Obligatoire et semestriel en 2e année
Objectifs transversaux visés	Attitude face au travail et à l'apprentissage – Capacités transversales
Objectifs disciplinaires visés	Les cinq domaines du plan d'études romand : • Français • Mathématiques • Environnement • Arts • Corps et mouvement
Code utilisé	Commentaires librement écrits par l'enseignant
Destinataires	Parents et institution
Type de décision	Orientation en 3e année primaire

Ce support est un « bilan des apprentissages », dont l'utilisation par l'enseignante est facultative en première année de l'école enfantine, mais devient obligatoire lors de la deuxième année par une démarche semestrielle. Un espace spécifique est dévolu à la description des compétences de l'élève dans son attitude face au travail. Des rubriques sont proposées à l'enseignante pour la guider dans son évaluation, orientées sur les questions de motivation, collaboration, communication, pensée créatrice et de démarche réflexive. Les champs disciplinaires sont décrits en cinq paragraphes distincts, se rapportant chacun à un axe disciplinaire différent. L'appréciation se fait sous forme de commentaires écrits librement formulés par l'enseignante, qui rendent compte de ses observations et évaluations effectuées durant l'année selon un aspect global (DIP, 2013). Le document est destiné aux parents pour information, ainsi qu'à l'institution scolaire. Il est signé par l'enseignante et les parents. Le document *Bilan des apprentissages* constitue la première décision d'orientation. L'enseignante propose un passage en troisième année du degré primaire en se fondant sur les commentaires issus des différentes rubriques et motive sa décision. La direction de l'école rend la décision. La décision d'orientation est consignée dans le document *Bilan d'apprentissages* en spécifiant ou non le passage en troisième année primaire.

Troisième cas, support de communication : canton de Vaud

Tableau V : Support vaudois, « Cahier de communication »

Nom	Cahier de communication
Fréquence	Hebdomadaire (signature des parents)
Modalités d'utilisation	Information sur les activités menées en classe Annonce d'événements particuliers
Type de communication	Commentaires de l'enseignante ou des parents, dessins de l'élève, icônes collés Documents transmis aux parents pour consultation (traces d'apprentissage)
Destinataires	Parents
Type de décision	-

La ratification du concordat HarmoS dans le canton de Vaud a notamment eu comme conséquence l'obligation faite aux enseignants d'un rendre compte sur la progression des apprentissages de l'élève. Cependant, ce canton a fait le choix de favoriser un instrument soutenant avant tout les échanges entre l'école et la famille, le *cahier de communication*[13] (*cf.*

---

[13] La version du support vaudois est visible à l'adresse suivante : https://www.bdrp.ch/document-pedagogique/presentation-powerpoint-afin-de-presenter-le-cahier-de-communication-aux

tableau V). Celui-ci a été introduit de manière exploratoire à la rentrée scolaire d'août 2012, puis généralisé une année plus tard. L'utilisation de ce support est laissée à la libre appréciation de l'enseignant pour l'adapter à ses pratiques, tout en respectant les modalités d'utilisation attendues par l'institution.

Ce support est un cahier relié par des anneaux, comportant une partie informative et compilant différents renseignements relatifs à son usage et à l'école enfantine. La deuxième partie est constituée de pages hebdomadaires, deux en vis-à-vis pour chaque semaine d'école. La page de gauche représente les cinq jours d'école avec un espace dévolu à des annotations pour préciser les activités ou événements du jour ou de la semaine. La page de droite est destinée aux informations plus particulières transmises par l'enseignant et les parents, chacun disposant d'un espace propre. Des informations, souvent sous forme de circulaires, peuvent être adjointes dans une pochette attachée au cahier de communication, ainsi que des documents mis en consultation dans la famille, généralement des traces d'apprentissage. L'utilisation en classe est en principe hebdomadaire, tout comme sa transmission aux parents. L'enseignant et/ou les élèves mentionnent les activités ou événements particuliers de la semaine. Le cahier de communication n'est pas un document soutenant une visée évaluative mais informative. La transmission aux parents de la progression des apprentissages par l'enseignant se fait selon d'autres canaux, par un entretien ou par le dossier d'apprentissage. Cette démarche favorise une évaluation formative basée sur l'observation de l'élève en situation d'apprentissage et sur ses productions. En conséquence, aucune mention quant à une orientation n'est précisée dans le cahier de communication. La loi cantonale spécifie d'ailleurs que la promotion d'une année à l'autre est automatique à l'intérieur du premier cycle, soit pendant les quatre premières années d'école.

Une tension reste toutefois entre la nécessité d'un rendre compte sous forme d'évaluation informative auprès des parents, des démarches formatives à mettre en place avec les élèves et une pratique de communication concernant les activités menées en classe.

Quelques constats

Quelques constats s'imposent au terme de l'analyse des textes cadres, ainsi que des supports d'évaluation et de communication des trois cantons. Un fort accent est mis sur l'évaluation formative dans les textes officiels, mais par ailleurs la nécessité d'un rendre compte des apprentissages est aussi très présente, tant pour les apprentissages transversaux que disciplinaires. Une place est accordée aux commentaires de l'enseignante pour situer cette progression, qu'elle peut transmettre lors d'un entretien ou sous forme écrite. L'évaluation des apprentissages disciplinaires oblige les enseignantes à opérer des choix parmi les propositions du PER, ces choix restant sous leur responsabilité. L'évaluation des capacités transversales apparaît importante, tout particulièrement en première année enfantine. Il est à relever que les capacités transversales décrites dans le PER ne font normalement pas l'objet d'une évaluation formalisée. Elles sont présentées comme étant des aptitudes fondamentales traversant les différents domaines d'apprentissage et l'ensemble de la scolarité.

Le canton de Vaud, troisième exemple avec le cahier de communication, fait figure d'exception. Il a choisi d'outiller les enseignants pour une communication accrue avec les parents, par l'intermédiaire d'un support également utilisé par le jeune élève.

En conclusion, la frontière entre l'évaluation formative/ informative, notamment sous forme d'observations largement encouragées dans les textes officiels, et sommative reste floue. Il ressort que les cantons se questionnent sur la place et les finalités de l'école enfantine, les démarches ne sont pas encore stabilisées, chaque canton proposant des réponses locales et particulières.

Au final, certaines interrogations restent d'actualité. Les associations professionnelles relayent les résistances du corps enseignant face à l'obligation d'une évaluation de l'école enfantine[14]. La littérature met en doute une évaluation des jeunes élèves. L'évaluation irait très souvent à l'encontre des représentations de la profession. Selon les textes cadres, l'évaluation formative est à privilégier. Or les récentes réformes scolaires ont mis en évidence les importantes difficultés de sa mise en œuvre dans les classes (Gilliéron Giroud et Ntamakiliro, 2010). Les pratiques d'évaluation à l'école enfantine ne vont-elles pas glisser essentiellement vers des évaluations sommatives des apprentissages ? La création de supports entraîne également d'autres interrogations : comment ces supports orientent-ils en amont les pratiques d'enseignement/apprentissages à l'école enfantine ? Quel rôle joue le Plan d'études romand dans la planification et la réalisation des séquences d'enseignement ? De même, en quoi les moyens d'enseignement romands ou privilégiés par les enseignantes déterminent-ils les pratiques d'évaluation ?

Les enseignantes de l'école enfantine doivent composer avec une double attente. D'une part, on leur demande de rendre compte des acquisitions des élèves et de leur travail d'enseignement, alors même que des indications susceptibles de les guider, notamment en ce qui concerne les évaluations-bilans, font défaut. D'autre part, les textes cadres valorisent l'évaluation formative pour montrer la progression des apprentissages. Comment résoudre cette tension face à la nécessité d'un rendre compte des apprentissages ?

Afin de saisir l'envergure des changements en cours amorcés par la mise en œuvre du concordat HarmoS, il apparaît

---

[14] Voir par exemple une résolution de l'AVECIN (association professionnelle des enseignants dans les classes enfantines du canton de Vaud), concernant l'évaluation à l'école enfantine : http://avep1.spv-vd.ch/public/docs/evaluation_2010.pdf

pertinent de mieux comprendre sur quelles pratiques évaluatives déjà en vigueur s'implantent les nouvelles orientations politiques et éducatives. La quatrième partie de ce chapitre présente les résultats d'une recherche (Gilliéron Giroud, Meyer et Veuthey, 2013 ; 2014) réalisée dans deux cantons de Suisse romande, avant les changements découlant du nouvel accord intercantonal.

Les pratiques évaluatives déclarées

Cette étude (Gilliéron Giroud, Meyer et Veuthey, 2013 ; 2014) avait pour but de documenter les spécificités des pratiques d'enseignement, dont les démarches évaluatives, de l'école enfantine en regard de celles de la première année primaire, dans les cantons de Vaud et de Genève.

La recherche est de type compréhensif, les données récoltées ont été recueillies par entretiens semi-dirigés, menés auprès de quarante enseignantes[15] vaudoises (vingt enseignantes enfantines et vingt enseignantes de première année primaire) et de neuf enseignantes genevoises (première année enfantine[16]). La grille d'entretien portait, entre autres, sur les pratiques d'évaluation, abordées selon trois thèmes :
- les éléments pris en compte lors d'un bilan en vue d'une prise de décision (maintien ou mesures spéciales) ;
- les éléments pris en compte lors d'un bilan avec les parents ;
- la constitution ou non d'un dossier d'apprentissage ou d'évaluation en classe.

---

[15] Une majorité de femmes ayant participé à cette recherche, c'est le terme générique « enseignante » qui est utilisé.
[16] Dans le canton de Vaud, toutes les classes enfantines sont multi-âge et regroupent des enfants de quatre et cinq ans. Dans le canton de Genève, la plupart des classes enfantines sont mono-âge et regroupent soit des enfants de quatre ans (1re enfantine), soit des élèves de cinq ans (2e enfantine).

Résultats

De manière générale, les éléments pris en compte sont issus d'observations personnelles et concernent essentiellement des aspects globaux tels que la maturité ou l'autonomie. Enseignantes vaudoises et genevoises se rejoignent sur ce point. Les observations disciplinaires touchent principalement les compétences graphomotrices (écriture et dessin), suivies de la compréhension orale (notamment les consignes) et de la numération. Les enseignantes genevoises prennent plus en compte la progression des apprentissages. Les questions de comportement relèvent avant tout du respect entre élèves et des règles de vie de la classe.

Lorsqu'elles communiquent avec les parents, les enseignantes font part de leurs observations personnelles tout en s'appuyant sur les traces d'apprentissages des élèves. Il s'agit ainsi d'exemplifier leur discours, voire de prouver de ce qui est débattu. Les enseignantes genevoises se démarquent quelque peu de leurs collègues vaudoises dans le sens qu'elles recourent plus fréquemment au dossier d'apprentissage permettant aux parents d'observer les compétences de leur enfant.

Enfin, la constitution d'un dossier d'apprentissage ou d'évaluation est une pratique moins généralisée dans le canton de Vaud. Il est essentiellement utilisé comme un archivage des travaux d'élève à l'école enfantine ou de travaux sommatifs en première année primaire. À Genève, le dossier est constitué d'activités récurrentes sur l'année où apparaît la progression de certains apprentissages, comme la connaissance des lettres de l'alphabet ou la suite des nombres (voir Veuthey et Marcoux dans cet ouvrage). La dimension formative préconisée par les réformes scolaires, que ce soit à Genève ou dans le canton de Vaud, est quasi absente.

Remarques et perspectives

Les analyses réalisées à partir du discours des enseignantes autorisent quelques remarques. On observe un glissement des pratiques évaluatives de l'école enfantine vers une organisation et des démarches pédagogiques se rapprochant du primaire. Une majorité des enseignantes de l'école enfantine et du primaire accorde une importance plus ou moins appuyée aux acquis scolaires, notamment à partir des traces d'apprentissage. Une minorité prend en compte les aspects globaux ou le comportement, ce qui relèverait d'une démarche professionnelle privilégiant une approche globale de l'enfant. Un autre point de convergence entre les pratiques des enseignantes de l'école enfantine et primaire concerne l'importance accordée aux observations personnelles. Par cette démarche, les enseignantes peuvent étayer l'attitude face au travail et le comportement social de l'élève. La transformation de la finalité du dossier d'apprentissage est également un constat important. L'intention d'une démarche d'évaluation formative, où l'élève a un rôle important dans le choix des documents à insérer et à consulter, n'a pas résisté au glissement des pratiques. Ce dossier est devenu un lieu d'archivage, sous forme de boîte ou de classeur, contenant diverses traces d'apprentissage. Les pratiques genevoises se révèlent plus proches des pratiques du primaire (voir Veuthey et Marcoux dans cet ouvrage). En effet le dossier, fréquemment constitué de tests évalués le plus souvent de manière « quantitative » (nombre de lettres connues, connaissance des nombres), évoque les pratiques évaluatives du primaire. Les documents officiels genevois, d'avant la mise en œuvre d'HarmoS, semblent inciter les enseignantes à évaluer leurs élèves de manière récurrente. Les pratiques déclarées et recueillies pour cette recherche se sont progressivement éloignées du concept de la rénovation, pourtant très porteur au début des années 2000 (Gilliéron Giroud et Tessaro, 2009). Les démarches d'évaluation formative ont laissé la place à un recueil d'informations essentiellement destinées aux parents.

L'analyse des pratiques évaluatives, à partir du discours des enseignantes, a donc constitué une surprise lors de cette recherche. Alors que l'école enfantine était encore sous le sceau des finalités et des objectifs datant de 1990 (IRDP, 1993 ; CDIP,

1992), elle a vu ses pratiques évoluer vers ce qui est relevé comme une primarisation. Ainsi, les deux premières années de la scolarité, alors facultatives, se démarquent peu des pratiques évaluatives du primaire, hormis le recours à une échelle d'appréciations pour évaluer un certain nombre de travaux significatifs durant l'année au primaire. Ces pratiques préfigurent-elles une école enfantine dont les démarches pédagogiques s'inspireraient davantage du modèle transmissif ?

En conclusion, les résultats concernant cette recherche réalisée avant les changements institués par le concordat HarmoS mettent en évidence les risques d'une primarisation des pratiques évaluatives de l'école enfantine. Elles soulignent les tensions existant entre les deux modèles pédagogiques déjà évoqués, celui prônant une approche globale de l'enfant, historiquement présente dans les documents décrivant l'école enfantine, et le deuxième potentiellement plus à l'œuvre actuellement, le modèle transmissif. La réponse ne se trouve probablement pas dans une dualité de l'un contre l'autre, mais dans la recherche d'un équilibre qui se voudrait plus fécond : l'acquisition de connaissances et de compétences disciplinaires devrait se doubler d'une approche globale du jeune élève (Crahay, 2009). Le nouveau plan d'études romand prend d'ailleurs en compte cette double approche de l'individu par la présentation des champs disciplinaires à maîtriser tout en considérant les capacités transversales à développer. Ainsi, les finalités du concordat HarmoS, accompagnées du nouveau plan d'études romand, avec pour conséquence la refonte de certaines lois scolaires cantonales, pourraient être l'opportunité de trouver une juste dialectique. Celle-ci concernerait tant les pratiques d'enseignement que les pratiques évaluatives, entre un modèle relevant d'une approche globale de l'élève et un modèle d'enseignement de type transmissif.

CHAPITRE IV

Les pratiques évaluatives à l'école enfantine : Influence des prescriptions sur les pratiques enseignantes

Anne CLERC-GEORGY et Isabelle TRUFFER MOREAU

Introduction

Évaluer, c'est apprécier et donner de la valeur à un objet, une idée, une activité, une attitude. Consciente ou pas, en référence plus ou moins explicite à un cadre de référence personnel ou institutionnel, l'évaluation est au cœur des activités d'enseignement, à l'école enfantine comme dans tous les autres degrés. Elle guide les choix et les actions de l'enseignant. Jusqu'à récemment en Suisse, ce qui différenciait les pratiques évaluatives dans les degrés primaires de celles mises en œuvre dans les premiers degrés de la scolarité, c'est qu'il n'était demandé aux enseignants ni de les rendre visibles ni de les justifier. Dès lors, cette évaluation nouvellement prescrite devient un objet de débat mettant en lumière les enjeux des premiers degrés de la scolarité et créant de l'insécurité auprès des enseignants concernés.

Nos travaux portent sur ces apprentissages fondamentaux et sur les pratiques enseignantes qui les favorisent. Ils se situent dans une perspective historico-culturelle et sont de type qualitatif (Bronckart, 1996). Les dimensions sociales, personnelles et cognitives auxquelles se réfère l'enseignant sont prises en compte. Nos recherches visent à rendre visible, à décrire et à comprendre comment l'enseignant des premiers degrés organise et intervient dans des situations d'enseignement-apprentissage, collectives ou individuelles, pour favoriser, guider ou évaluer les apprentissages des élèves. Dans ces interventions, nous identifions plus précisément les dimensions évaluatives (contenus, indices, critères...) et cherchons à construire des outils d'évaluation intégrés aux apprentissages fondamentaux.

Dans ce chapitre, nous nous proposons de revenir sur ces attentes nouvelles et leurs conséquences sur les pratiques d'enseignement dans les premiers degrés de la scolarité. Nous identifierons ainsi les tensions entre objectifs des plans d'études, enjeux des premiers degrés et évaluations mises en œuvre. Nous montrerons ensuite comment les nouvelles pratiques adoptées par les enseignants font obstacle à la poursuite des apprentissages fondamentaux et au développement des élèves.

Un contexte en mutation

Jusqu'à récemment, la fréquentation des écoles dites enfantines (destinées aux enfants de quatre et cinq ans) était facultative. Dans un contexte d'harmonisation du système scolaire public en Suisse romande ces classes s'inscrivent maintenant dans un cursus primaire élargi (de 1P à 6P on passe à 1P à 8P) (HarmoS[1]). Un plan d'études pour l'ensemble de la scolarité obligatoire (PER[2]) constitue le cadre de référence en termes de curricula des élèves et d'organisation de l'enseignement.

L'inclusion de ces degrés dans le cursus obligatoire primaire a généré l'idée qu'il était nécessaire d'évaluer sommativement l'élève et de laisser une trace de cette évaluation dans le dossier scolaire qui l'accompagnera tout au long de sa scolarité. En

---

[1] Le concordat HarmoS (Harmonisation de la scolarité obligatoire en Suisse) est un accord intercantonal, signé le 14 juin 2007, qui vise l'harmonisation de la scolarité obligatoire.

[2] Le Plan d'Études Romand contient le curriculum de l'ensemble de la scolarité obligatoire.

Suisse, du point de vue de la CDIP[3], chaque canton est souverain dans le choix des modalités et des contenus soumis à l'évaluation. La question des ajustements propres à l'évaluation à l'école enfantine est ainsi laissée à la charge des cantons. Selon l'enquête CDIP (2014) auprès des cantons pour l'année 2013-2014, l'évaluation dans les deux premières années de la scolarité est dite formative ou globale. La majorité des cantons opte pour une communication aux parents par le biais de fiches d'observation imposées[4] ou librement élaborées par l'enseignant. L'entretien, et le rapport d'apprentissage constituent les autres formes d'évaluation. Quant à ce qui doit être évalué, seul le canton de Genève (voir Veuthey et Marcoux dans cet ouvrage) mentionne la maîtrise des objectifs du PER, les autres ne donnent aucune information à ce sujet.

Ces nouvelles prescriptions ont l'intérêt d'avoir provoqué en Suisse romande des débats mettant à la fois en évidence l'importance du travail à effectuer par les enseignants dans ces degrés et la difficulté de se mettre d'accord quant à la nature de ce qui devait être évalué. En revanche, le cumul constitué par le foisonnement des objectifs du PER, le manque de mise en évidence des spécificités du processus d'apprentissage chez l'enfant entre quatre et sept ans, le désir des directions d'établissement et des enseignants de répondre au plus vite aux angoisses parentales et la recherche de mise en conformité avec les formes scolaires du primaire, y compris l'évaluation formelle, contribuent à déstabiliser fortement le terrain. Ceci se matérialise au travers des nombreuses et pressantes demandes de formation (de la part des directions d'établissement comme des enseignants du terrain) en lien avec la question de l'évaluation.

---

[3] Conférence des chefs de Département de l'Instruction publique.
[4] C'est dans le contenu de ces fiches d'observation que l'on peut identifier le choix de certains cantons suisses de faire figurer dans le livret scolaire les résultats soit d'une évaluation de la progression de l'élève d'un point de vue des disciplines scolaires, soit d'une évaluation des comportements et des compétences sociales.

C'est ainsi que nous intervenons depuis trois, quatre ans auprès d'un corps enseignant déstabilisé, voire angoissé, ayant souvent perdu le sens du travail qui était le sien. Les tensions les plus vives s'actualisent dans les échanges concernant les injonctions liées à l'évaluation. Ces enseignantes[5], expriment tout à la fois leur peur de stigmatiser les élèves en figeant un résultat, un acquis ou un non acquis à un moment précis de leur développement par le biais d'une évaluation formelle avec dépôt de traces dans un dossier d'évaluation et leur colère face à ce qu'elles estiment être une méconnaissance des besoins spécifiques de cette tranche d'âge ainsi qu'un sentiment de découragement, voire d'incompétence face à ce qui leur est demandé.

À ces nouvelles prescriptions s'ajoute une modification profonde de la formation des enseignants concernés (universitarisation de la formation, titre unique pour tous les degrés primaires, formation didactique axée sur le primaire, rares apports spécifiques à ces degrés) qui ne sont plus préparés aux spécificités de l'apprentissage chez le jeune enfant et qui adoptent de nouvelles formes de travail, imitant le primaire. Or, ces modalités de travail ne sont pas toujours propices aux apprentissages dans les premiers degrés de la scolarité. De manière très perceptible, on assiste effectivement à une modification des modalités de travail à l'école enfantine dans le sens de ce qui s'est passé en France ces dernières décennies (Bouysse, Claus et Szymankiewicz, 2011).

Les apprentissages fondamentaux

Dans sa présentation générale, le plan d'études définit les apprentissages fondamentaux (CIIP, 2010a, p. 24) comme les objectifs prioritaires des premières années d'école. Ils sont déclinés autour de trois enjeux.

---

[5] Nous employons volontairement le féminin, car l'ensemble des professionnelles concernées sont des femmes.

Le premier, l'appropriation des « outils de socialisation » (les règles et les normes du vivre et de l'apprendre ensemble, les outils de la communication orale et écrite, les compétences numériques, l'organisation temporelle...) démontre de manière explicite que se socialiser à l'école c'est, d'une part, s'approprier les savoirs nécessaires à la vie dans notre société et, d'autre part, apprendre les normes propres au travail intellectuel et les règles de l'apprendre. Plutôt que d'apprendre à « vivre ensemble », l'objectif de la socialisation scolaire est de développer sa compétence à « apprendre ensemble » (Amigues et Zerbato-Poudou, 2000). Ainsi, il s'agit d'offrir à chaque enfant la possibilité de passer d'une vision de lui-même interagissant dans un système naturel offrant des situations d'apprentissage fonctionnelles et spontanées à une perception de lui-même en situation d'apprendre, dans un collectif, et la plupart du temps dans des situations construites par l'enseignant.

Le deuxième enjeu s'articule autour de la « construction de savoirs » et d'un « rapport spécifique au savoir ». L'école est par essence le lieu de la transmission de savoirs, objets culturels construits par d'autres, socialement déterminés et dont l'appropriation permet d'appréhender soi, les autres et le monde. L'école première devrait permettre à l'enfant d'entrer dans le monde de l'apprentissage scolaire, de s'approprier des savoirs imposés et définis par les plans d'études, de construire les compétences et le rapport au savoir nécessaire à l'apprentissage disciplinaire et d'intérioriser les modes scolaires de l'appropriation de ces savoirs (Bautier, 2006). Pour l'élève, il s'agira de considérer les objets quotidiens (la pomme que je mange que j'aime ou n'aime pas) comme des objets d'étude (la pomme comme un fruit complexe qui contient la graine), les situer dans une discipline spécifique ; développer un rapport spécifique aux savoirs dans les différents domaines disciplinaires ; identifier quand il faut mobiliser son attention et sur quoi la porter ; traiter des informations, les trier, les organiser, les comparer, les évaluer...).

Le troisième enjeu est la compréhension des règles du jeu de l'école. Il s'agit de permettre à l'élève de s'approprier les « outils cognitifs requis par l'école », d'intérioriser les gestes de l'étude nécessaires à la réussite de ses apprentissages et de sa scolarité (Cèbe, 2000). Apprendre à l'école, c'est mettre en œuvre un certain nombre d'habiletés cognitives, affectives et métacognitives qui permettent l'appréhension scolarisée d'objets familiers (passer de la pomme que je peux manger à la pomme comme objet d'étude, c'est-à-dire comme fruit, concept biologique qui permet de comprendre des phénomènes naturels), l'appropriation d'outils sémiotiques (écriture, nombres...) et l'intériorisation de formes de pensée qui visent le développement de l'autonomie (Vygotski, 1934/1997).

En résumé, par apprentissages fondamentaux, nous entendons les apprentissages fondateurs d'une scolarité réussie : les outils de la pensée (cognitifs, affectifs et métacognitifs) requis par l'école, le développement d'un rapport au savoir propice à l'entrée dans les disciplines scolaires (au travers de l'usage des savoirs disciplinaires avec l'enseignant), les règles de l'apprendre ensemble selon un rythme, un programme et des modalités imposés.

Des connaissances « oubliées » des enjeux de l'école première

C'est dans l'intention de mieux comprendre ce qui se joue dans ces modifications de pratiques que nous avons interrogé, dans le cadre de formations continues, plus de cinquante enseignantes aux prises avec les nouvelles prescriptions. Nous avons cherché à saisir les raisons qui leur faisaient adopter ces nouvelles formes de travail aux dépens d'autres modalités, particulièrement le jeu libre ainsi que la façon dont elles répondaient aux attentes en termes d'évaluation. Après avoir relevé ce que les enseignantes des premiers degrés évaluent sommativement en fin de deuxième enfantine pour construire les bilans attendus par l'institution, nous leur avons demandé de décrire l'élève qu'elles estimaient prêt à entrer au primaire. Nous avons aussi analysé des dossiers d'évaluation que ces enseignantes co-construisent et s'échangent en pensant ainsi répondre aux prescriptions.

Cette recherche a permis de relever que les éléments qui leur permettaient de « lâcher » en toute sécurité un élève en fin d'école enfantine ne consistaient en rien à l'addition de micro-objectifs tels que proposés dans les bilans qu'elles construisent pour répondre aux prescriptions. Au contraire, elles relèvent l'importance des attitudes et des comportements face aux apprentissages scolaires, éléments qui ne peuvent être évalués en termes quantitatifs.

Notre corpus d'évaluations-bilans ou de dossiers sommatifs a montré que l'évaluation ne portait souvent que sur de micro-objectifs, le plus souvent facilement observables :

- des comportements (*dit bonjour, lève la main, marche dans la classe, ferme sa fermeture-éclair…*) ;
- des attitudes difficiles à évaluer et rarement enseignées (*est gentil avec ses camarades, se fait des copains…*) ;
- des connaissances liées à des habiletés cognitives de bas niveau telles que mémoriser et appliquer (*compte jusqu'à 10, copie son prénom, reconnaît certaines lettres de l'alphabet, nomme les lettres de son prénom colorie sans dépasser…*) ;
- des dimensions liées à ce qui a été fait plutôt qu'appris (*découvre différentes langues parlées dans la classe, a joué avec un ballon…*) ;
- des apprentissages disciplinaires (*fait des phrases correctes, dénombre une collection…*).

Il ressort de cette analyse que ces bilans comportent une liste souvent très longue d'éléments (une centaine) évalués chez chaque enfant plusieurs fois durant l'année. Par ailleurs, les items retenus ne portent que très rarement ou indirectement sur les apprentissages fondamentaux décrits dans le plan d'études. Cette forme de travail contraint les enseignantes à passer un temps important à l'évaluation-contrôle individuelle de chaque élève.

Quand nous avons demandé à ces mêmes enseignantes de décrire l'élève prêt à entrer en classe primaire, seuls quelques rares éléments présents dans ces bilans sont ressortis (*écrire son prénom, compter jusqu'à...*). En revanche elles ont décrit, avec leurs mots, un certain nombre de dimensions essentielles qu'elles observent surtout du point de vue de leur progression durant le cycle plutôt qu'à leur état, à un moment donné :
- l'intérêt pour les savoirs scolaires ;
- la capacité d'expliciter ce qu'il fait ;
- la capacité d'écouter et de prendre en compte l'avis ou l'activité d'un autre ;
- l'aisance corporelle ;
- l'acceptation de la frustration ;
- la capacité à mémoriser et apprendre volontairement, à se projeter dans les apprentissages ;
- l'entrée dans le monde symbolique (chiffres, lettres, repères temporels...) et l'usage de ces outils symboliques dans certaines situations.

Ainsi, l'interprétation des prescriptions, ajoutée aux demandes des Directions d'établissement relatives à l'élaboration de grilles d'évaluation, semble provoquer un effet de mise en conformité avec ce qui se fait en primaire. Les conceptions de ce que doit être une évaluation sommative sont exprimées généralement par les enseignantes comme devant être, par souci de justice, individuelle et identique pour tous les élèves. Ces conceptions semblent véritablement étouffer ce qu'elles savent du processus d'apprentissage de l'enfant de cet âge ainsi que des acquisitions importantes pour réussir à l'école. De plus, l'exigence d'évaluer les élèves les conduit à privilégier une évaluation formelle, « écrite », individuelle, déconnectée des situations d'enseignement/apprentissage et statique, alors même qu'elles estiment que les objectifs prioritaires dans ces degrés relèvent plus de la progression que d'un état donné. Ce qu'elles décrivent comme essentiel pour considérer qu'un élève est prêt à poursuivre sa scolarité est plutôt de l'ordre des outils requis pour l'école, outils qu'elles ne savent pas très bien décrire et encore moins évaluer.

Nos premières observations semblent corroborer l'idée que lorsque l'option vise à rendre compte des apprentissages des élèves en fin d'école enfantine sous forme de bilan des acquisitions, le risque est grand d'inviter les enseignants à mettre en œuvre des pratiques évaluatives « calquées » sur celles de l'école primaire et propres à la forme scolaire (Vincent, 1994), à savoir la production individuelle de traces écrites évaluées dans un deuxième temps par l'enseignant en l'absence des élèves. Or, l'absence de maîtrise de l'écrit réduit souvent l'évaluation des productions d'élèves à des éléments superficiels de l'apprentissage et ne rend pas compte des modes de pensée en cours de construction.

Des modalités de travail en mutation

Le souci de laisser des traces pour l'évaluation et la nécessité de communiquer avec des parents qu'ils ne rencontrent plus conduisent les enseignants de ces degrés à proposer des fiches (feuille de papier imprimée, tirée des moyens d'enseignement ou téléchargée sur Internet) comme activité privilégiée. Cette forme de travail cumule de nombreux avantages pour l'enseignant : les élèves sont occupés silencieusement à leur place, l'enseignant peut se faire une idée *a posteriori* de ce que font les élèves qui ne sont pas sous son contrôle (voir Joigneaux dans cet ouvrage ; Joigneaux, 2009), la fiche est transmissible aux parents. L'enseignant est libéré de certaines contraintes, il obtient des « traces » communicables du travail des élèves et se sent rassuré pour établir un bilan pour chaque élève. Or, dans ces situations de travail individualisé, les élèves « à risques » n'identifient pas toujours les enjeux de savoir présents dans la tâche ou les modes de pensée à mettre en œuvre et à généraliser (Bautier, 2006). Ceci est d'autant plus problématique du fait de la culture, dans ces degrés, d'un habillage des tâches qui invisibilise les savoirs en jeu (Cèbe, 2000). Enfin, la fiche limite souvent la nature des apprentissages possibles auprès d'élèves qui ne maîtrisent pas l'écrit.

À la fiche, s'ajoute un certain nombre de tâches typiques de l'école enfantine (calendrier du matin, météo, devinette, inscription dans les ateliers, jeux de catégorisation...) dont l'usage est souvent naturalisé et qui ne sont généralement pas inscrites dans des disciplines scolaires. Certains enseignants n'identifient pas les savoirs qu'elles pourraient permettre de construire (Laparra et Margolinas, 2011), les mettent en œuvre comme des procédures vides de sens et évaluent chez les élèves la seule capacité à imiter ces procédures. Or, ces tâches qui ne s'inscrivent pas dans des disciplines scolaires particulières ne sont que très rarement traitées en formation, alors qu'elles devraient permettre à l'enseignant, de « faire usage » avec les élèves de savoirs disciplinaires dont l'appropriation systématique n'est prévue que plus tard dans le curriculum.

Enfin, à la multiplication des fiches dans les premiers degrés de la scolarité s'associe la disparition progressive d'une situation d'apprentissage fondamentale à cet âge : le jeu libre (Bouysse, Claus et Szymankiewicz, 2011). Le jeu n'est pas considéré par les enseignants comme une situation d'apprentissage mais plutôt comme une activité récréative dans laquelle ils ne parviennent pas à identifier les savoirs dont l'enfant fait usage. Or, l'activité maîtresse des enfants entre trois et sept ans, l'activité la plus favorable aux gains développementaux propres à cet âge, est le jeu symbolique ou « vrai » jeu pour reprendre la terminologie employée par Vygotsky (1933/1978). Cette activité est dite maîtresse parce qu'elle permet de manière privilégiée de développer les dimensions qui se développeront difficilement plus tard et qui sont essentielles à la poursuite des apprentissages scolaires. Pour Vygotski (1935/1995), certaines périodes se révèlent particulièrement optimales pour certains apprentissages. Les gains développementaux propres à l'âge préscolaire sont : la fonction symbolique, la capacité d'agir en pensée, l'imagination, l'intégration entre émotions et actions et l'autorégulation

(Bodrova et Leong, 2012). Par ailleurs, les recherches de Elias et Berk (2002) ont corroboré l'hypothèse de Vygotski révélant que les enfants qui s'engagent plus fréquemment et avec plus de persévérance dans le jeu à plusieurs montrent de meilleures performances d'autorégulation dans les activités d'apprentissage structurées.

Tant les fiches individuelles que les activités rituelles procéduralisées ne visent pas l'appropriation des gestes requis par et pour l'école (Cèbe, 2000) tels que les usages littéraciés particuliers ou la posture de secondarisation (Bautier et Goigoux, 2004). Ces activités, comme le jeu quand il perdure seulement sous forme récréative après le « travail scolaire », sont traitées indépendamment des savoirs qu'elles véhiculent et du rôle de l'enseignant dans les apprentissages des élèves. Les savoirs sont invisibles, les apprentissages sont laissés au hasard et l'évaluation porte souvent sur des dimensions peu pertinentes.

Les enjeux de l'évaluation dans les premiers degrés

Ce travail a permis de montrer les décalages entre des enseignantes soucieuses de favoriser le développement de l'enfant et mettant l'accent sur ce qu'elles nomment largement socialisation et des prescriptions dont l'interprétation les pousse à évaluer individuellement et à l'écrit des éléments qu'elles identifient comme disciplinaires, mais qui restent de bas niveau taxonomique. Les enseignantes réduisent ainsi l'entrée dans les disciplines scolaires à de micro-objectifs de l'ordre de « l'abrégé » (Astolfi, 2008) et ne tiennent que très partiellement compte des enjeux particuliers de l'apprentissage à cet âge (Vygotski, 1935/1995).

Dans le cadre des nouvelles exigences, il est bien question d'une évaluation qui fait la somme à la fois des acquis (sommative) et des potentialités de l'élève (pronostique) après une période d'apprentissage donnée. Une des difficultés posées est que cette évaluation devrait remplir simultanément de multiples fonctions : une fonction de visibilité des progressions de l'élève (recueil et mise en lien des informations pour prendre les décisions nécessaires à la progression de chacun des élèves) ; une fonction de maintenance de l'efficacité des pratiques enseignantes ; une fonction de communication et d'information dans le cadre du partenariat avec les parents ; une fonction de repérage des forces et des défis à relever ; une fonction de levier pour les apprentissages futurs et une fonction pronostique de la réussite ou de l'échec scolaire. Par ailleurs, cette part de l'évaluation ne devrait pas se substituer aux autres formes d'évaluation (formative, diagnostique…).

Si l'évaluation vise à pronostiquer la réussite des apprentissages dans la deuxième partie du premier cycle (degrés 3 et 4) et à informer les parents et les enseignants de ces degrés, elle devrait alors porter sur des éléments significatifs en matière d'apprentissages scolaires. Certains travaux, comme ceux de Suchaut (2008), nous permettent d'identifier quelques éléments plus particulièrement prédictifs de la suite de la scolarité de l'élève, tels que les concepts liés au temps, et plus généralement les capacités de raisonnement et les compétences numériques. À ces éléments, nous pouvons ajouter les travaux de l'équipe ESCOL[6] ou encore ceux de Cèbe (2000) qui ont montré l'importance de permettre à tous les enfants de s'approprier les gestes requis par l'école.

Si les enjeux de l'évaluation sont liés à la traçabilité du parcours de l'élève, il nous semble que l'impossibilité de fixer des normes quantifiables, la nécessité de situer l'élève dans une dynamique de développement et la non-maîtrise de l'écrit dans ces degrés ne nous autorisent pas à imiter l'évaluation en vigueur au primaire. En aucun cas, elle ne peut être réduite à une addition d'acquisitions sur lesquelles l'enseignant porterait une appréciation figée (atteint ou pas ; bon ou pas bon). Et surtout, elle ne devrait pas figurer dans un bulletin scolaire qui suit l'élève tout au long de sa scolarité, au risque de le

---

[6] Éducation et SCOLarisation.

stigmatiser et de le juger à un moment où il est en train de s'approprier son rôle d'élève. Ainsi, il nous semble que le meilleur moyen de limiter ce risque est d'informer les parents des progrès de leur enfant lors d'un entretien ad hoc et les enseignants de l'année suivante par le biais d'un texte-bilan descriptif des progrès de l'élève qui permettrait, mieux qu'une liste de comportements, de rendre compte de la dynamique du processus de développement de l'enfant.

Si on respecte le principe selon lequel l'école ne peut évaluer que ce qu'elle enseigne, ces appréciations ne devraient pas porter sur les qualités comportementales ou relationnelles de l'enfant (« se fait des copains »). Ces items sont des restes d'une perspective qui centre le rôle de l'école enfantine sur le développement personnel et social de l'enfant et qui conduit les enseignants à évaluer des dimensions qui ne font pas l'objet d'un enseignement. En revanche, il est nécessaire d'enseigner et d'évaluer, dans une perspective formative, les comportements de l'élève dans ses apprentissages scolaires, dans son appropriation des habiletés attendues par l'école (« la résolution d'un problème de dénombrement », « les règles de la prise de parole dans un groupe qui apprend ensemble » ou encore « l'identification de ce qui est à apprendre »). Enfin, il n'est pas nécessaire de tout évaluer, au risque de limiter les années d'école enfantine à cette seule activité et de ne plus accorder la place centrale aux enjeux de l'école, c'est-à-dire aux apprentissages !

Enfin, dans la perspective historico-culturelle, issue des travaux de Vygotski (1934/1997), il conviendrait d'une part, de mieux penser l'apprentissage en lien avec le développement, et de promouvoir une évaluation dynamique (Bodrova et Leong, 2012) qui permette de tenir compte de la zone proximale de développement de l'élève et qui articule ainsi apprentissage et développement. En regard des spécificités de l'apprentissage chez l'enfant en âge préscolaire (Vygotski, 1935/1995), et dans la perspective d'une pédagogie de la transition (Clerc, 2013 ; Clerc et Truffer Moreau, 2010), il conviendrait d'observer l'élève dans des situations d'évaluation qui lui permettent de rendre visibles ses apprentissages en cours et la dynamique de son développement sans les réduire à leur forme la plus aboutie. Ces pratiques d'évaluation dynamique considèrent le développement de l'enfant comme un processus de transformation constante (Vygotski, 1934/1997). Elles visent à la fois l'ajustement des pratiques d'enseignement aux apprentissages des élèves et permettent une évaluation des apprentissages en cours.

Quelques propositions pour une évaluation adaptée aux premiers degrés

Évaluer dans les premiers degrés reste un exercice difficile. Le développement du jeune enfant est irrégulier, non linéaire, il s'arrête parfois ou même régresse avant de progresser. Par ailleurs, la validité des informations recueillies en situation de test décontextualisé serait d'au maximum 25 % (Epstein, Schweinhart, De Bruin-Parecki et Robin, 2004). Cependant, l'évaluation des apprentissages fondamentaux est un acte pédagogique important qui se doit d'être pensé et organisé en prenant en compte :
- des caractéristiques socio affectives de l'enfant (son énergie son désir de grandir et de faire comme l'adulte, sa spontanéité, sa curiosité, sa créativité mais également son endurance et sa persévérance, une connaissance intuitive de ses besoins) ;
- des caractéristiques de l'apprentissage chez le jeune enfant : au travers du langage oral, au travers de l'action (seul ou accompagné par l'adulte ou ses pairs) par imprégnation, imitation, en mobilisant son corps, ses perceptions sensorielles ; il est réactif à l'instant présent, parle sa pensée ;
- des nouvelles possibilités d'apprentissage de l'enfant (passage de l'apprentissage spontané à l'apprentissage structuré, l'apparition à cet âge de la possibilité de

réaliser un projet, d'aller de la pensée à l'action et non plus seulement de l'action à la pensée, c'est-à-dire d'abstraire et de conceptualiser) ;
- du fait que les apprentissages dans ces premiers degrés sont rendus visibles par le langage oral et l'action, et ne peuvent s'évaluer que par l'observation et le questionnement.

Cette évaluation ne peut qu'être intégrée aux apprentissages, ce qui implique un équilibre délicat entre intervention pédagogique et respect du temps nécessaire au développement de l'enfant. Viser l'appropriation des gestes requis par et pour l'école, c'est faire usage avec les élèves des différents outils qui constituent les apprentissages fondamentaux ; c'est initier, entraîner, guider les enfants à « penser l'agir », à l'anticiper ou le convoquer après coup pour l'expliquer et le questionner, pour l'évaluer, le réguler ou le réinvestir ; c'est permettre à chacun de savoir qu'il apprend, ce qu'il apprend, comment et pourquoi il apprend, à prendre conscience et à décrire ses progressions et à se situer face aux objectifs visés.

L'observation des progrès de l'enfant est particulièrement pertinente dans les moments de jeu libre. Dans cette forme de jeu, l'enfant prend des risques, dépasse ce qu'il pourrait gérer dans une situation formelle, imposée. Il ne semble plus craindre de faire des erreurs. Il peut ainsi par exemple mémoriser plus d'articles d'épicerie en jouant au magasin qu'il ne peut le faire lors d'une activité d'apprentissage structurée. Dans le jeu, l'enfant explore à moindre risque le passage de la réaction passive à l'autostimulation, « l'enfant se met à s'appliquer à lui-même les formes du comportement qu'utilisent les adultes à son égard » (Vygotski, 1928-1931/2014, p. 253). Il peut aussi réguler ses comportements et ses émotions de façon plus mature, il gère mieux sa frustration et maintient souvent sa concentration de façon plus soutenue. Le jeu crée ainsi une zone proximale de développement (Vygotsky, 1933/1978). Pour l'enseignant, il donne à voir l'appropriation des outils culturels dont il est capable de faire usage seul. Par ailleurs, « l'imitation permet d'établir la limite et le niveau des actions accessibles à l'intellect de l'enfant » (Vygotski, 1928-1931/2014, p. 268). Ce qui fait dire à Vygotsky (1933/1978) que dans le jeu, l'enfant dépasse ce qu'il pourrait gérer dans une situation réelle.

Pour conclure, nous proposons quelques principes qui devraient sous-tendre l'évaluation dans les premiers degrés. Ainsi nous travaillons actuellement, avec une équipe d'enseignantes, à la construction d'outils pour une évaluation qui prennent en compte les éléments évoqués plus haut. Il devrait s'agir d'une évaluation qui s'inscrit dans une pédagogie de l'encouragement, qui met en évidence les progrès et les réussites de l'enfant. Elle ne devrait porter que sur ce qui a fait l'objet d'un enseignement et s'adapter à l'objet d'apprentissage. En miroir, ce qui est évalué devrait faire l'objet d'un enseignement, comme par exemple la posture scolaire, les gestes requis par l'école. Elle ne cherchera pas à être exhaustive mais choisira les éléments pertinents à évaluer.

Ensuite, cette évaluation devrait impliquer l'élève, lui apprendre à se situer, à s'auto-évaluer à l'aune de critères objectifs, communs et déterminés indépendamment de lui, afin de lui apprendre à se projeter dans de nouveaux apprentissages. Elle sera ainsi interactive plutôt que corrective et centrée sur les processus plutôt que sur les résultats.

Par ailleurs, une évaluation des apprentissages fondamentaux ne pourra être que dynamique et prendre en compte le réinvestissement par l'enfant des outils proposés (de l'hétéro- à l'autorégulation). Elle sera ainsi fondée sur des observations variées, récoltées au fil du temps et à partir de différentes sources (observations durant le jeu libre et les collectifs d'apprentissage, questionnement de l'élève pendant l'effectuation de tâches particulières…).

De plus, une évaluation, qui vise la construction d'une posture d'élève et l'appropriation des outils fondateurs de la scolarité, devrait être globale pour éviter de découper l'enfant en petits morceaux et le réduire à une addition de micro-acquisitions vides de sens.

Enfin, la mise en œuvre d'une évaluation formelle dans les premiers degrés pourrait être une opportunité à la fois de réfléchir aux éléments essentiels à retenir et à la fois d'interroger les pratiques enseignantes dans leurs potentialités à enseigner les gestes requis par l'école, c'est-à-dire à développer une réelle didactique des apprentissages fondamentaux.

CHAPITRE V

Évaluation à l'école première[1] : une clarification des objectifs scolaires porteuse d'échecs ?[2]

Carole VEUTHEY et Géry MARCOUX

Introduction

Dans le canton de Genève, comme dans d'autres cantons suisses, les premières années de scolarité, et plus particulièrement les années dévolues à l'école première, se trouvent depuis 2007 au cœur de changements importants (voir Meyer dans cet ouvrage). Au moins quatre évolutions majeures sont à mentionner : au plan national, l'introduction de l'obligation scolaire dès l'âge de quatre ans (CDIP, 2007) ; au plan romand, le rattachement de l'école dite enfantine à l'école primaire et la mise en place de nouveaux programmes d'études intégrant celui des deux premières années de scolarité (CIIP, 2010) ; au plan cantonal, l'introduction dès la fin de la deuxième année d'une évaluation des apprentissages disciplinaires (français, mathématiques, sciences, etc.).

Ces changements témoignent non seulement d'une volonté politique d'harmonisation des structures, de l'organisation de

---

[1] Nous avons choisi d'utiliser le terme « école première » pour désigner les deux premières années d'école obligatoire (enfants de quatre à six ans). L'ancien vocable « école enfantine » n'est en effet plus d'actualité dans le canton de Genève depuis la ratification du concordat HarmoS instaurant le principe de l'instruction obligatoire de quatre à quinze ans (degrés 1 à 11).

[2] Ce chapitre a été écrit sur la base d'un texte publié dans les actes du congrès de l'AREF 2013 à Montpellier (Veuthey, 2013) et enrichi par des résultats plus récents.

l'enseignement, des programmes et des moyens officiels mais également d'un souhait d'une meilleure intégration de tous les jeunes au système scolaire et par conséquent d'une réduction des inégalités scolaires à l'origine de l'échec.

Ce chapitre a dès lors pour ambition d'interroger la réduction possible des inégalités scolaires et partant de l'échec au regard de ces (r)évolutions. Plus précisément, il s'intéresse aux transformations possibles de l'évaluation en classe suite aux changements survenus et aux effets qui en découlent.

Évolutions de l'école enfantine genevoise

Si au niveau mondial, l'âge d'entrée dans l'enseignement obligatoire est fixé majoritairement à six ans, il existe une tendance à l'abaisser progressivement (ISU, 2012). La Suisse a fait ce choix, en rendant la scolarité obligatoire dès quatre ans pour donner à chaque enfant, quel que soit son canton de domicile, la possibilité de construire progressivement et dans les mêmes conditions d'encadrement les bases de la socialisation et du travail scolaire (CDIP, 2007).

Cette décision repose d'abord sur un souhait politique d'harmonisation scolaire (harmonisation des structures, de l'organisation de l'enseignement, des programmes et des moyens officiels), mais aussi sur un faisceau de résultats de recherches montrant l'importance d'initier les enfants, dès le plus jeune âge et surtout ceux des classes populaires (Joigneaux, 2009), d'un point de vue transversal : au métier d'élève (Bautier, 2006 ; Périsset Bagnoud, 2007), et d'un point de vue disciplinaire : à l'entrée dans l'écrit (Cèbe et Goigoux, 2005 ; Saada-Robert *et al.*, 2003) mais aussi dans les nombres (Brissiaud, 2007).

En conséquence, le plan d'études a été repensé pour intégrer les deux premières années, anciennement facultatives et dénommées « école enfantine », au sein de la scolarité obligatoire.

Jusque-là, le plan d'études en vigueur mettait l'accent sur une approche globale de l'enfant (CDIP, 1992). Les buts généraux étaient définis comme suit :

> L'école doit favoriser l'épanouissement de la personnalité de l'enfant et l'aider à développer l'ensemble de ses compétences, en partant de ce qu'il est et de ce qu'il sait. (p. 5).

Il était alors attendu de l'enseignante[3] qu'elle propose :

> [...] un milieu stimulant, des situations larges, ouvertes et authentiques, qui permettent à l'enfant de développer ses capacités, de mettre en œuvre toutes ses fonctions perceptives en harmonie avec son évolution biologique, affective et cognitive. (p. 6).

Le programme reposait sur des activités langagières, artistiques, mathématiques, psychomotrices permettant à l'élève de développer ses compétences. Le domaine socio-affectif, le domaine psychomoteur et le domaine cognitif étaient alors pris en compte de manière égale dans les objectifs visés. Le jeu était considéré comme un moyen à privilégier pour développer l'imaginaire et l'intelligence symbolique.

Aujourd'hui, le nouveau plan d'études propose une compréhension différente du rôle des apprentissages fondamentaux (voir Clerc-Georgy et Truffer Moreau dans cet ouvrage) dans les deux premières années de scolarité. Il souligne que :

> [...] les enjeux de cette étape essentielle [l'entrée dans l'école] s'articulent autour de trois aspects : la socialisation, la construction des savoirs, la mise en place d'outils cognitifs. (CIIP, 2010a, p. 24).

Il propose à l'enseignante, non plus des activités visant le développement global de l'enfant, mais un réseau d'objectifs à atteindre dans chaque domaine disciplinaire, organisés dans

---

[3] Le corps enseignant des premiers degrés de l'enseignement primaire à Genève étant majoritairement féminin et notre échantillon étant composé exclusivement d'enseignantes, nous avons fait le choix du féminin pour ce texte.

une progression sur un cycle de quatre ans[4] et aboutissant à des attentes de fin de cycle. Par exemple, en mathématiques, il est écrit : « Au cours, mais au plus tard à la fin du cycle, l'élève reconnaît et nomme le rond, le carré, le rectangle, le triangle » (CIIP, 2010b, p. 15).

L'introduction d'objectifs disciplinaires avec des attentes fondamentales à atteindre durant un premier cycle intégré au primaire contribuerait, comme le souligne Meyer dans cet ouvrage, au mouvement de primarisation de l'école première : les pratiques d'enseignement et d'évaluation se distinguant de moins en moins de ce qui se fait à l'école primaire. Ce constat se trouve renforcé par des travaux romands (ex. Gilliéron-Giroud, Meyer et Veuthey, 2013) qui, comme pour la France (voir Garnier dans cet ouvrage ; Garnier, 2009 ; Joigneaux, 2013 ; 2015) ont mis en évidence un glissement des pratiques d'enseignement en collectif vers des pratiques plus individualisées qui reposent davantage sur l'usage de fiches écrites pour les apprentissages comme pour les évaluations.

Notons à ce propos que ni le Concordat HarmoS, ni le PER ne définissent d'attentes de maîtrise formalisées pour les deux premières années de la scolarité. Pourtant, Genève a fait le choix de proposer un découpage bisannuel des objectifs et des attentes de mi-parcours. À ce titre, le *Document de liaison enseignement-évaluation*, mis à jour chaque année par les autorités scolaires genevoises, conçu comme un guide pratique aidant les enseignantes à établir des liens entre les règlements, les directives et leur pratique quotidienne en classe, est éclairant et précise la manière d'évaluer les compétences indispensables de fin de 2P.

Pour bien comprendre, il faut se rappeler, comme l'a fait Perrenoud en 2013, que si durant de nombreuses années, « le privilège de l'école enfantine était de ne pas avoir l'obligation d'évaluer de manière certificative » (p. 15), cela ne veut pas dire

---

[4] À Genève la scolarité primaire est divisée en deux cycles : le premier appelé cycle élémentaire de quatre à huit ans (degrés 1 à 4) et le deuxième appelé cycle moyen de neuf à onze ans (degrés 5 à 8).

qu'elle était exempte de toute évaluation. Ainsi pour le cas du canton de Genève, les enseignantes de ce niveau sont depuis longtemps – pour être précis depuis les réformes scolaires entreprises dans les années 1990 (Weiss, 1996) – amenées à utiliser, pour les élèves, un dossier d'évaluation s'inscrivant dans une démarche formative (pour la régulation des apprentissages) et informative (support concret pour le dialogue avec les familles)[5]. En effet, ce dossier :

> [...] a pour but principal de renseigner les parents sur la progression de leur enfant dans ses apprentissages et sur ses acquisitions en lien avec les objectifs d'apprentissage (Directive : D-DGEO[6]-01A-17 2014).

Il est élaboré par l'enseignante et sert à expliciter le comportement de l'élève et également à illustrer, dès la fin de la deuxième année, la progression dans l'acquisition des connaissances et compétences disciplinaires.

À l'heure actuelle, les autorités scolaires genevoises valorisent toujours la mise en place de ce dossier pour mettre en évidence la progression des élèves et proposent une offre de formation continue soutenant cette pratique.

En complément, suite à l'acceptation, à l'automne 2006, d'une initiative populaire exigeant le retour des notes à l'école, le Département de l'instruction publique genevois (DIP) a introduit, à la rentrée 2007, un nouveau livret scolaire qui suit l'élève durant toute sa scolarité primaire. Celui-ci est remis aux familles trois fois dans l'année scolaire, en règle générale, en novembre, mars et juin lors de rencontres qui peuvent prendre différentes formes (réunions de parents, entretiens individuels, soirées portfolios), mais au minimum un entretien individuel d'évaluation par année pour traiter de l'évaluation des apprentissages de l'élève est organisé. Des entretiens

---

[5] Il est à noter que, malgré un fléchissement dans l'utilisation du dossier au début des années 2000 (Soussi, Ducrey, Ferrez, Nidegger et Viry, 2006), la constitution de ce dossier s'est généralisée et fait partie, aujourd'hui encore, des attentes de l'autorité scolaire (DGEP, 2012).

[6] DGEO : Direction générale de l'enseignement obligatoire.

supplémentaires à la demande des parents ou des enseignantes sont naturellement possibles. En 2011, un nouveau livret[7] intégrant les deux premières années (quatre à six ans) fait son apparition. En son sein, et spécifiquement pour le premier cycle, il ne comporte pas de notes. Les progrès des élèves sont, dans ces degrés, évalués par des appréciations sur les apprentissages dans la vie scolaire dès le troisième trimestre de la première année, mais également sur les apprentissages dans les cinq domaines disciplinaires à partir du troisième trimestre de la deuxième année.

Dès lors, si le cadre général de l'évaluation décrit dans la directive officielle genevoise prévoit pour le premier cycle une évaluation essentiellement formative intégrée à l'enseignement, le découpage annuel des objectifs, les documents accompagnant l'évaluation et le nouveau livret, placent l'enseignante face à des attentes qui peuvent paraître contradictoires. En effet, dans la version 2011 du livret, les apprentissages de l'élève sont évalués par rapport aux objectifs du plan d'études à l'aide d'un système de croix dès le troisième trimestre de la deuxième année. L'enseignante évalue alors la progression de l'élève selon trois critères : « très satisfaisante », « satisfaisante » ou « peu satisfaisante ». La Société pédagogique genevoise[8] s'est prononcée contre ce livret, dès sa mise en place, craignant une stigmatisation précoce des difficultés des élèves. Suite à un appel au boycott, certaines enseignantes ont informé les parents qu'elles refusaient d'utiliser une évaluation graduée pour les domaines disciplinaires si tôt dans la scolarité. Selon elles, il est primordial de construire un rapport positif à l'apprentissage, en particulier dans cette période d'entrée à l'école où le rapport au savoir est en construction.

---

[7] Le terme précis utilisé pour désigner ce livret est « bulletin scolaire ».
[8] SPG : Association professionnelle et syndicat des enseignants et enseignantes primaires genevois.

Problématique

Les changements apparus ces dernières années au sein de l'école enfantine genevoise s'inscrivent dans un mouvement plus large de lutte contre l'échec scolaire. La Suisse, comme d'autres pays, a fait le choix de scolariser plus tôt l'ensemble des élèves dans la même structure, avec un programme unifié et des enseignantes bien formées dans le but de réduire les inégalités scolaires. En effet, l'État, conscient de l'importance des premiers pas dans la scolarité, veut offrir à tous les élèves le même encadrement espérant ainsi leur donner, quel que soit leur milieu d'origine, les mêmes chances de réussite scolaire (Crahay et Dutrévis, 2012).

Parmi les changements décrits précédemment, il nous a semblé pertinent de nous pencher sur la fonction du dossier d'évaluation. Présent dans les pratiques enseignantes s'adressant aux élèves de quatre à six ans depuis de nombreuses années, sa fonction, à l'origine principalement formative, court le risque d'être modifiée par les récentes innovations. En effet, nous faisons l'hypothèse que l'introduction d'un plan d'études comprenant des objectifs disciplinaires pour toute la scolarité obligatoire (PER), ainsi que l'adoption d'un livret scolaire englobant l'ensemble de la scolarité primaire pourraient en modifier le contenu et l'utilisation. Pour éprouver cette hypothèse, nous avons mené plusieurs enquêtes auprès du corps enseignant des premiers degrés afin de mieux comprendre l'influence potentielle de ces changements et tenter de comprendre les répercussions possibles du point de vue de la réduction ou non des inégalités scolaires et donc de l'échec que ces inégalités produisent.

Une première recherche portant sur neuf enseignantes de première année (quatre à cinq ans) s'est intéressée, sur base d'entretiens en lien avec une analyse de documents, à l'utilisation du dossier d'évaluation en rapport avec la démarche portfolio préconisée dans les années 1990 (Veuthey, 2011, 2013). La deuxième recherche, toujours sur base d'entretiens, menée auprès de dix-neuf enseignantes dans les trois premières années du premier cycle s'est intéressée, de manière plus spécifique, aux fonctions de l'évaluation (formative, certificative, informative) prônées et effectives. Enfin, une analyse approfondie de trois dossiers d'évaluation, accompagnée d'entretiens avec les enseignantes concernées a permis d'analyser plus finement les types de supports présents dans les dossiers. Ce sont ces résultats que nous allons présenter ci-dessous.

Résultats de recherches

Dans le cadre d'une première recherche portant sur les spécificités de l'école enfantine dans les cantons de Vaud et Genève (Gilliéron Giroud, Meyer et Veuthey, 2013), nous avons interrogé neuf enseignantes genevoises sur leurs pratiques évaluatives (Veuthey, 2011 ; 2013). Il en est ressorti que chacune d'entre elles utilisait un dossier d'évaluation. Nous les avons alors interrogées sur la manière, le but et le contenu de ces dossiers. Nos premiers résultats ont montré que dans huit cas sur neuf, le dossier d'évaluation est constitué par l'enseignante, sans implication de l'élève, ni en ce qui concerne le choix des activités à y placer, ni en ce qui concerne les interactions qui pourraient avoir lieu entre l'élève et l'enseignante dans un but d'évaluation formative. Le choix des activités ont principalement pour but de montrer la progression de l'enfant dans ses apprentissages, en particulier lors des entretiens avec les parents.

Ces résultats nous ont surpris. En effet, à l'origine, le dossier d'évaluation à l'école première était pensé dans une démarche de portfolio : l'idée était d'impliquer l'élève dans la constitution du dossier, d'utiliser les traces du dossier comme support à l'évaluation formative, voire même à l'auto-évaluation. Sur ce dernier point, il est même troublant de relever les propos suivants d'une enseignante :

> […] *l'auto-évaluation, ça je n'y crois pas. La petite fiche qu'on sort comme ça et l'enfant remplit, je n'y crois pas du tout. Un petit « smile » je n'y crois pas.*

L'argumentation principale pour justifier la constitution d'un dossier d'évaluation est devenue l'information aux parents. Compte tenu des réformes scolaires des années 1990 favorisant l'évaluation formative et la démarche portfolio, nous aurions pu nous attendre à ce que les enseignantes mentionnent davantage le but de régulation. En effet, la caractéristique principale de l'évaluation formative par rapport à d'autres formes d'évaluation est son intention :

> […] les informations sont récoltées, interprétées puis communiquées en vue d'adapter le dispositif pédagogique mis en œuvre pour faire progresser les élèves de manière optimale. (Rouiller, 1998, p. 119).

Dans cette approche, le but premier est alors de mettre en évidence les progrès et les difficultés rencontrées par l'élève pour lui permettre de construire les stratégies nécessaires à l'atteinte des objectifs visés.

Ce premier résultat montre un glissement vers la fonction informative qui peut s'expliquer par le fait que les enseignantes genevoises ont l'obligation de proposer aux parents au minimum un entretien par année sur la base d'un portfolio ou d'un dossier d'évaluation de l'élève. Il est donc important pour elles de recueillir des traces de la progression de l'élève pour pouvoir en parler avec les parents, pour avoir des « preuves écrites » de ce qu'elles avancent. Les traces ont pour but de situer l'élève par rapport aux attentes découlant du plan d'études et permettre ainsi aux parents de « voir où l'enfant n'a pas réussi ».

Lorsque les enseignantes sont interrogées sur le contenu des portfolios, il ressort que les traces relevées sont très majoritairement des traces mesurant des connaissances disciplinaires. Celles portant sur le comportement de l'élève en classe sont peu présentes. Lorsqu'il s'agit de faire le point sur l'attitude de l'élève face au travail ou face aux autres, les enseignantes se basent principalement sur des observations personnelles, gardées en mémoire ou consignées :

> C'est vrai que je réalise là que dans mon dossier de progression c'est toujours des apprentissages dans les disciplines. Il y a pourtant une rubrique du PER : formation générale et capacités transversales, mais elle est vide. Je pourrais écrire moi quelques mots sur l'enfant qui se comporte comme ceci, comme cela.

Parmi les exemples de traces placées dans le dossier, les enseignantes mentionnent fréquemment l'utilisation d'activités bilan récurrentes, c'est-à-dire des bilans de connaissances qu'elles font refaire plusieurs fois dans l'année à des périodes différentes. Ces activités récurrentes sont principalement utilisées pour vérifier les acquis disciplinaires tels que la connaissance du code alphabétique, la suite des nombres, les prénoms reconnus, les mots outils.

Tableau VI : Exemples d'activités bilan

Dans l'exemple ci-dessus sur la connaissance des nombres et des lettres, l'enseignante choisit une couleur différente pour chaque date à laquelle elle fait passer le bilan à l'élève, ce qui permet de mesurer rapidement son niveau à trois moments différents de l'année. Il est alors très facile d'observer que l'élève connaît douze lettres en novembre, quatorze en mars et vingt-cinq à la fin de l'année. De la même manière, pour les nombres, l'enseignante utilise la même feuille pour plusieurs passations avec une couleur différente à chaque fois. Elle note également la date à laquelle l'élève a réalisé le bilan. Ainsi la progression est bien visible d'une fois à l'autre et facile à expliciter à des personnes extérieures comme les parents.

En sus, il est visible sur ces exemples, qu'il n'est fait mention d'aucune communication à l'élève. Il n'y a pas de félicitations, d'encouragements, ou de conseils pour s'améliorer. Ici, le message adressé aux parents est surtout quantitatif et axé sur l'aspect cumulatif des connaissances et non sur l'aspect plus qualitatif qui mettrait en évidence les facilités ou les difficultés rencontrées par l'élève pour construire certains savoirs.

Si l'on entre dans une analyse plus fine de la composition d'un dossier de deuxième année, nous avons pu relever la présence plus importante de traces portant sur des habiletés spécifiques que de traces montrant des compétences plus larges. La progression de l'élève est signalée principalement en mesurant ses acquis en termes de quantité. Comme si, faire état de l'augmentation des connaissances acquises était suffisant pour rendre compte de la progression de l'élève. On trouve dans ce dossier, sur un total de vingt-sept évaluations de français, six traces évaluant la production ou la compréhension écrite ou orale d'un texte, alors qu'il contient vingt-et-une traces mesurant des habiletés en lien avec la conceptualisation de la langue. En ce qui concerne les mathématiques, on relève dans le même dossier, une différence entre le domaine du nombre et le domaine de l'espace. Dans le premier cas, les traces sont décontextualisées et mesurent les progrès quantitativement. Elles portent sur des habiletés du type : « je sais lire la suite des nombres jusqu'à... » ou « écris les nombres dictés ». Alors qu'en ce qui concerne l'espace, les traces sont plus qualitatives et portent sur des compétences plus complexes et mobilisables en situation comme : « recouvre le chemin sans trou ni pièce qui dépasse et en utilisant le moins de pièces possible » ou « choisis et place les bonnes pièces sur le plan ».

En résumé, nos différentes recherches montrent une présence plus importante dans les dossiers de traces disciplinaires, décontextualisées, portant sur des habiletés plutôt que des compétences et mesurant la progression principalement en termes de quantité d'acquisitions.

Discussion et conclusion

La décision de rendre la scolarité obligatoire dès quatre ans, accompagnée d'une harmonisation des objectifs de l'enseignement concrétisée dans un nouveau plan d'études couvrant l'ensemble de la scolarité obligatoire (PER), a entraîné des changements par rapport au document de référence en vigueur jusque-là (CDIP, 1992). Bien que la dimension d'accompagnement de l'enfant dans son entrée à l'école soit toujours présente, un accent important a été mis sur l'enseignement des savoirs permettant à chacun de :

> [...] construire pour chaque domaine précisé dans le plan d'études, les connaissances et compétences utiles et nécessaires à sa réussite scolaire et à son apprentissage des règles du monde qui l'entoure. (CIIP, 2010a, p. 24)

Cet accent a été renforcé par l'introduction d'objectifs disciplinaires détaillés pour les deux premiers degrés (quatre à six ans), l'arrivée de nouveaux moyens d'enseignement, l'introduction d'un livret scolaire pour évaluer les premiers apprentissages, le rôle de dépistage joué par l'école première dans le repérage précoce des élèves dits « à besoins particuliers ».

Il n'est nullement question de remettre en cause ici la nécessité d'évaluer les apprentissages des élèves, mais de savoir quelle forme d'évaluation serait la plus appropriée pour favoriser leur progression. En effet, la mission de l'école première est bien de leur permettre d'entrer dans les apprentissages fondamentaux, ce qui demande évaluation, mais en sachant pertinemment qu'il est très difficile d'évaluer des apprentissages qui, particulièrement à cet âge-là, se développent lentement, avec des progrès parfois spectaculaires, mais aussi des régressions momentanées (Brisset, 2010).

De l'évaluation formative vers le rendre compte

Les pratiques évoquées tendent à montrer que les habitudes se sont éloignées du concept de la rénovation, pourtant très porteur au début de la réforme (Gilliéron Giroud et Tessaro, 2009). L'utilisation d'un dossier d'évaluation de type portfolio avait pour but de valoriser l'élève dans ses apprentissages en mettant en évidence ses meilleurs travaux et d'aider l'élève à comprendre sa progression. L'enseignante était encouragée à expliciter la compétence visée et les critères d'évaluation s'y rapportant. Dans cette logique, chaque dossier devait être unique et représentatif des progrès de l'élève.

Depuis lors, le climat politique et institutionnel a évolué. À Genève, la votation exigeant le retour des notes (en 2006), puis l'introduction du PER (en 2010) ont entraîné un renforcement de la fonction certificative et informative de l'évaluation, même si les textes officiels, comme l'a montré Meyer dans cet ouvrage, continuent de promouvoir une évaluation formative pour le premier cycle. Dès lors, les enseignantes doivent s'adapter à ces nouvelles injonctions. Selon nos résultats de recherches (Veuthey, 2011 ; 2013), les enseignantes de l'école première évaluent leurs élèves non seulement à des fins de régulation de leur enseignement, mais prioritairement pour avoir des traces de leurs acquis afin d'en rendre compte auprès des parents, mais aussi de leur hiérarchie. La mise en place des directions d'établissement en 2008, entraînant un contrôle renforcé sur les pratiques enseignantes, y compris celles d'évaluation, peut expliquer ce souci du rendre compte également à l'interne.

S'il est compréhensible que les parents souhaitent être informés à propos de la progression de leur enfant par rapport aux objectifs de fin de cycle, « cette information ne devrait pas devenir la principale voire la seule raison d'être de l'évaluation » (Perrenoud, 2013, p. 15). Il est primordial de conserver sa dimension formative au service de la régulation des apprentissages et des situations didactiques. Et pourtant, on constate que les récents changements, en particulier l'introduction d'un livret comprenant une évaluation des apprentissages disciplinaires dès la fin de la deuxième année, provoquent un déplacement des pratiques vers la fonction certificative et informative de l'évaluation.

Une standardisation des traces écrites au service du rendre compte

Nos résultats semblent indiquer que les changements récents accentuent dans les pratiques, l'utilisation de traces écrites pour évaluer les élèves et informer leurs parents de leur évolution (Gilliéron Giroud, Meyer et Veuthey, 2013 ; Veuthey, 2011). Nous observons, en particulier, des traces de type « activités bilan », mesurant des connaissances disciplinaires facilement mesurables comme la connaissance du code alphabétique ou la suite des nombres. Ce type de traces évaluent fréquemment des habiletés à travers des tâches décontextualisées qui mettent en avant une progression de type quantitative, mais donnent très peu d'informations sur la construction des savoirs. De plus, les apprentissages transversaux sont peu présents dans les dossiers. L'information concernant ces aspects est transmise, la plupart du temps, oralement aux parents ; les enseignantes faisant davantage appel à leur jugement professionnel (Allal et Lafortune, 2008) pour ces objectifs-là.

Les attentes des autorités scolaires, la pression toujours plus grande des parents d'être informés, mais aussi la demande des enseignantes de pouvoir compter sur des outils pratiques pour mesurer la progression des élèves ont contribué à une standardisation toujours plus grande des contenus des portfolios qui a l'heure actuelle ressemblent davantage à des dossiers d'évaluation. « Les démarches d'évaluation formative ont laissé place au recueil d'informations destinées aux parents » (Gilliéron Giroud, Meyer et Veuthey, 2013, p. 9). Le dossier est surtout constitué de traces sous forme de bilans des apprentissages, évalués le plus souvent de manière quantitative : nombre de lettres connues, connaissance des nombres. Comme nous l'avons relevé, les documents officiels genevois (programme, livret scolaire, directive) incitent les enseignantes à évaluer les apprentissages à l'aide d'activités bilan récurrentes permettant de mieux rendre visibles les progrès.

On peut légitimement questionner cette pratique mesurant quantitativement les acquis des élèves, alors qu'en particulier au moment de l'entrée dans les apprentissages les compétences se construisent progressivement et sur une longue durée. Le risque en voulant rendre « mesurable » la progression des tout jeunes élèves est de voir de plus en plus dans les dossiers d'évaluation des traces écrites « réductrices » et peu significatives de toute la démarche de l'enseignante et du cheminement de l'élève ainsi qu'une disparition des dimensions socio-affectives au profit « quasi exclusivement » des apprentissages cognitifs. Le danger serait alors que les pratiques d'évaluation prennent le pas sur les démarches d'enseignement et « qu'on prenne ce qui est plus facilement évaluable, à court terme, comme étalon de ce qu'il est légitime de développer, en minorant ce qui échappe à cette logique […] » (Nonnon, 2013, p. 11), comme les activités orales, les interactions entre élèves, le tâtonnement, la construction du rapport au savoir, au monde et aux autres.

Le poids des apprentissages disciplinaires dans l'évaluation

« Si l'intégration des deux premiers degrés de la scolarité dans un plan d'études qui recouvre toute la scolarité obligatoire (quatre à quinze ans) donne une visibilité plus grande aux apprentissages des tout jeunes élèves, elle a pour effet d'augmenter dans les pratiques l'utilisation de traces écrites pour évaluer les élèves et informer leurs parents de leur évolution » (Veuthey, 2011, p 4).

Les résultats de nos recherches alimentés par les débats actuels sur la place et le rôle de l'évaluation dans les premiers degrés, permettent de s'interroger sur le poids donné aux trois enjeux de l'école enfantine définis dans le PER – la socialisation considérée comme un aspect fondamental, la construction des savoirs, et la mise en place d'outils cognitifs présentés comme complémentaires – alors que la plupart des traces présentes dans les dossiers sont des vérifications d'apprentissages disciplinaires. Peut-être est-ce parce que le développement général de l'élève relève plus d'un jugement professionnel reposant sur des observations, mais probablement aussi parce que les acquis disciplinaires se mesurent plus facilement à l'aide de fiches et sont davantage valorisés lorsqu'il s'agit de rendre compte de la progression de l'élève soit à l'autorité scolaire, soit aux parents d'élèves. Autre hypothèse avancée par Joigneaux (2009) : en début de scolarité tout particulièrement, « l'analyse des difficultés rencontrées par des élèves de maternelle passe par une observation attentive non seulement aux différences de travaux finis, mais aussi aux différentes façons de réaliser ces travaux » (p. 20) et les enseignantes de l'école première seraient, selon lui, réticentes à l'idée de laisser dans les dossiers des traces des difficultés rencontrées par leurs jeunes élèves.

En conclusion, la frontière entre les différentes fonctions de l'évaluation reste floue. En effet, depuis les années 2000, les démarches d'évaluation formative de type « portfolio » ont laissé place au « dossier d'évaluation », recueil d'informations principalement constitué de traces d'évaluation de type « quantitative » (nombre de lettres connues, connaissance des nombres) et essentiellement destiné aux parents lors des entretiens. On peut donc légitimement se demander, comme d'autres chercheurs dans cet ouvrage, si les pratiques d'évaluation à l'école première ne vont pas glisser vers des évaluations certificatives des apprentissages. On peut également se demander si ces pratiques, proches de celles du primaire, ne préfigureraient pas un mouvement vers des démarches pédagogiques qui s'inspireraient davantage du modèle transmissif ?

La réduction des inégalités et de l'échec scolaire

Il est à noter que les recherches menées, depuis la fin des années 1960, sur les effets de la préscolarisation tendent à s'accorder sur un triple constat : 1) une fréquentation précoce et assidue de l'école première permet aux élèves d'obtenir de meilleurs résultats scolaires au moment de l'entrée dans la scolarité primaire[9] et les premières années qui suivent (Caille, 2001), 2) cet avantage a tendance à s'estomper au cours de la scolarité (Suchaut, 2008), 3) cet effet ne réduit pas de façon significative les écarts dus aux origines sociales des élèves (Caille, 2001 ; Duru-Bellat, 2003). Autrement dit, ces études montrent que des apprentissages importants sont mis en place durant l'école première et qu'ils jouent un rôle fondamental pour les premières années de la scolarité, mais que tous les élèves n'en profitent pas de la même manière et que d'autres éléments entrent en ligne de compte dans les années suivantes.

Dans son analyse des liens entre le niveau à l'entrée en troisième année (CP en France) et la fin de la scolarité primaire (6ᵉ en France), Suchaut (2008) montre que :

> les acquis des élèves à l'entrée à l'école élémentaire[10] n'ont [donc] pas tous le même poids et certains apparaissent, plus que d'autres, jouer un rôle déterminant dans la réussite ultérieure. (p. 5)

Ce sont, d'après son étude, les compétences numériques et les compétences liées à la structuration du temps qui expliquent une part non négligeable des différences. Pour Joigneaux (2009), les inégalités s'expliqueraient par le fait que certaines pratiques enseignantes ne permettraient pas « aux élèves qui sont les moins prédisposés » (p. 18) à réaliser ces apprentissages fondamentaux.

---

[9] CP en France, 3P en Suisse
[10] Le début de l'école élémentaire correspond au CP en France (6 ans) et donc à la 3P en Suisse.

Considérant que les premiers acquis sont déterminants dans le parcours des élèves, l'école genevoise intensifie sa lutte contre les inégalités scolaires et l'échec scolaire en essayant spécifiquement de limiter le nombre de redoublements. En effet, ils ne peuvent être décidés qu'à titre exceptionnel et une seule fois durant toute la scolarité primaire. Pourtant, malgré ce positionnement institutionnel, de nombreuses études ont montré que les enseignantes, et plus encore les enseignantes des premières années de l'enseignement obligatoire, croient aux bienfaits du redoublement, en particulier lorsqu'il a lieu dans les premières années de la scolarité. Leur raisonnement est que les problèmes précoces d'apprentissage sont liés pour une part importante à l'immaturité. Selon cette logique, accorder une année supplémentaire, afin de laisser le temps à l'enfant d'acquérir plus de maturité, lui permettrait d'acquérir les apprentissages nécessaires pour la suite de sa scolarité (Beswick, Sloat et Willms, 2008 ; Range, Holt, Pijanowski et Young, 2012 ; Tomchin et Impara, 1992). Les données genevoises font écho à ce raisonnement. En effet, si le redoublement est relativement constant durant la scolarité primaire, il est un peu plus élevé durant les deux dernières années du premier cycle que durant le deuxième cycle. Il est de 2,3 % en 3P[11] et 3,5 % en 4P, alors qu'il n'est que de 1,6 % durant les degrés ultérieurs (SRED, 2011). Ce pourcentage plus élevé pourrait s'expliquer par le fait que la 3P est l'année de l'apprentissage formel de la lecture et que des épreuves cantonales standardisées se déroulent en fin de 4P.

En conclusion, bien que la scolarisation précoce soit vue par les autorités scolaires comme un moyen de lutter contre les inégalités scolaires (Joigneaux, 2009), nos résultats interrogent le bien-fondé d'un renforcement des dimensions sommatives et certificatives de l'évaluation. En voulant une école formalisant de plus en plus tôt des attentes en terme cognitif au détriment de dimensions prenant en compte les aspects sociaux, affectifs

---

[11] 3P et 4P sont les deux dernières années du premier cycle (4 à 8 ans).

et psychomoteurs, nous courons peut-être le risque d'augmenter la pression sur les enfants et leurs familles et par là même de produire plus d'échecs dès le début de la scolarité.

TROISIÈME PARTIE

BELGIQUE FRANCOPHONE

CHAPITRE VI

Mieux comprendre l'école maternelle en Belgique francophone : Histoire d'une scolarisation progressive

Sébastien SCHETGEN

S'intéresser aux structures d'accueil de la petite enfance telles qu'elles se présentent en Belgique francophone aujourd'hui, c'est tout d'abord s'intéresser à ses origines, aux différentes formes qu'elle a prises par le passé et aux facteurs qui ont concouru de manière sous-jacente à son évolution. L'étude de la littérature et des textes légaux permet dans ce cadre notamment de mieux comprendre dans quelle dynamique les présupposés pédagogiques servant d'appui aux pratiques actuelles s'inscrivent, mais aussi d'en apprécier les limites, et a fortiori également les dangers.

Les origines

En Europe, il faut remonter jusqu'au Moyen Âge pour identifier les prémices de notre système actuel. Dans la France d'alors, englobant encore une partie de la Belgique actuelle, Leprince (2003) relève deux modes de garde différents : les « nourrices sur lieu » qui s'occupent d'enfants à domicile, et les nourrices « à emporter » qui gardent des groupes chez elles ; ces dernières pouvant être considérées comme les ancêtres des crèches, écoles maternelles et autres centres dédiés que nous connaissons. Des premières tentatives de réglementations au XIXe siècle, à la rédaction de programmes nationaux complets, de nombreuses initiatives locales virent plus tard le jour un peu partout en Europe, en parallèle avec la vague d'industrialisation et l'augmentation du travail des femmes. En 1801, la société de la charité maternelle fonde une « chambre de dépôt destinée aux enfants pauvres ». Dès l'année suivante, en Allemagne, les premiers lieux d'accueil pour les moins de sept ans voient le jour ; et en 1826 s'ouvre à Liège une des premières crèches de notre future Belgique, à l'initiative d'un instituteur français. En parallèle, seront également mises sur pied les premières « salles d'asile », destinées aux enfants plus grands et revendiquant davantage des ambitions éducatives.

Cette subdivision des structures, basée sur l'âge d'une part et la visée plus ou moins éducative de l'autre, prévaut encore largement dans les systèmes européens aujourd'hui. Plaisance et Rayna (1997) y distinguent d'un côté les « systèmes d'action sociale » ou crèches, de l'autre les « systèmes éducatifs », qui précèdent le plus souvent l'école primaire à laquelle ils auront fini par emprunter, partiellement ou plus franchement, certains codes spécifiques comme ceux relatifs aux mécanismes d'évaluation, de certification ou encore de redoublement. Ces structures pré-primaires portent en Belgique le nom d'écoles maternelles, sont accessibles aux enfants dès deux ans et demi, et fréquentées par la grande majorité des enfants. Si l'existence de ce type d'institution demeure donc ancienne, l'évolution « primarisante » que l'on y observe, comme chez nombre de nos voisins, est de plus en plus interrogée :

> L'enjeu de cette question est évidemment la conviction, pour les parents, les professionnels et les chercheurs de l'importance des expériences des premières années de vie pour le développement ultérieur des enfants, et notamment de la qualité de l'éducation préscolaire. (Florin, 2004, p. 4)

Une question dont l'importance nous apparaît effectivement capitale, tant il est évident que cet écart pris progressivement par l'école maternelle avec ses origines « gardiennantes » et socialisantes, ne peut être considéré comme sans conséquence sur les approches pédagogiques privilégiées, les objectifs poursuivis, et bien sûr les mécanismes d'évaluation. Si les textes de référence sur lesquels se base notre étude n'offrent malheureusement que très peu d'informations directement centrées sur ce dernier élément, nous tenterons tout de même, à travers ce rapide historique de l'école maternelle belge francophone au XXe siècle, de relever les éléments qui permettent de mettre en évidence les postures implicites qui s'y rapportent à chaque période.

Les premiers jardins d'enfants en Belgique francophone

C'est vers la fin du XIXe siècle qu'apparaissent en Belgique les premières structures d'accueil pré-primaires structurées en centres et régies par des textes de loi, remplaçant les salles d'asile alors critiquées pour leur fonctionnement rigide, leur aménagement pour le moins inadapté aux enfants, et leurs activités peu adéquates en regard de leurs besoins. En 1842, l'État belge accorde pour la première fois des subsides aux garderies « pré-scolaires » appelées « Berceaux publics », cependant que la méthode des « Jardins d'enfants » de Friedrich Frœbel se répand déjà en Allemagne, puis dans le reste de l'Europe. Théorie pouvant être considérée comme la toute première véritable idée de structure, pensée entièrement pour l'éducation de l'enfant de moins de six ans dans sa globalité complexe : organisation temporelle de l'école, réflexion sur la disposition des locaux, prise en compte des multiples facettes des apprentissages ; cognitifs, physiques, pratiques, affectifs, sociaux… Tout cela en tenant compte des besoins spécifiques des enfants de cet âge.

> Son système est simple, naturel, harmonique et complet ; il ne s'adresse pas à une partie de l'être humain, il l'embrasse tout entier, corps et âme. Il n'a rien négligé, rien oublié ; il s'applique à développer les forces physiques, intellectuelles et morales. Frœbel pose l'éducation sur une base purement anthropologique ; il ne veut rien imposer à la nature, mais se demander consciencieusement, à chaque phase de

développement, quels sont les vrais besoins de l'enfance en ce moment de l'éducation, quelle est la loi qui détermine le développement progressif des facultés. Il a su indiquer la meilleure méthode pour exercer les muscles et les organes sans arrêter ni restreindre le développement du cœur, de l'imagination et du goût. (Van Calcar, 1882, p. 3)

En Belgique, c'est à Ixelles en 1857 que s'ouvre le premier jardin d'enfants frœbélien. Malheureusement, vu la pénurie d'enseignants spécialisés, la pauvreté des locaux et le surpeuplement des classes, ces jardins d'enfants diffèrent peu des anciennes garderies (ministère de l'Éducation nationale et de la Culture, 1963). Quelques années et quelques « jardins » plus tard, vint finalement le moment de légiférer sur la question. Tout d'abord en 1880 par quelques directives ministérielles réglementant les exercices et occupations des institutions préscolaires ainsi que l'ouverture de cours normaux[1] obligatoires d'une durée d'un mois afin d'assurer un rudiment de formation au personnel enseignant (Greyson, 1896). Ensuite, le 20 août 1890 par la publication du premier *Règlement et programme type des écoles gardiennes* s'inspirant très largement de l'œuvre de Frœbel. Pour la première fois, les structures d'accueil pré-primaires seront régies par un programme, ce qui restera vrai jusqu'à aujourd'hui et nous permettra de délimiter plusieurs périodes bien spécifiques.

De 1880 à 1927 : la période frœbélienne

Les enfants sont accueillis de trois à six ans, partagés en groupes de soixante à soixante-dix au maximum ; petits et grands séparés. L'encadrement est assuré par la directrice de l'établissement et quelques institutrices (une par groupe). Les locaux sont décrits ; on préférera une maison avec un jardin, environnement dans lequel l'enfant pourra « se développer physiquement et moralement ». Mais ce qui est mis avant tout

---

[1] Qui préfigurent les futures écoles dites « Normales », terme encore utilisé en Belgique.

en avant est la sécurité et la santé des enfants. Les jeux de plein air sont bannis car considérés comme « dangereux et inutiles », la nature elle-même devant constituer le lieu de jeu et de découverte. À l'intérieur du bâtiment, des « chambres » seront confortablement aménagées pour chaque groupe d'enfants. Les salles de classe sont préférées vitrées afin de permettre à la directrice d'en surveiller l'intérieur. On précise en outre, importance accordée toujours à la santé des enfants, que les locaux devront être correctement éclairés, chauffés et ventilés pour renouveler l'air fréquemment. Il faudra également un vestiaire, des « cabinets d'aisance » et un lieu de sieste pour que les enfants fatigués puissent se reposer au calme (Van Calcar, 1882).

En arrivant le matin, les enfants sont accueillis, se rendent à leur place désignée et sont inspectés au niveau de leur propreté, tenue, matériel et coiffure après quoi ils peuvent aller jouer dehors ou dans la salle de jeu. 9h15, promenade « vive » en rang par deux précédant l'entrée en classe vers 9h45. Les activités s'y succèdent dans un ordre habituel : chant, premier don de Frœbel, chaque « don » renvoyant à une batterie de matériel spécifique destiné à être manipulé par l'enfant dans un objectif précis (l'apprentissage des couleurs pour le premier don, des volumes pour le deuxième, des proportions pour le troisième...), ensuite deuxième don de Frœbel suivi par une leçon de choses (observation), gymnastique sur place, occupations manuelles (tissage, dessin, découpage...), jeux collectifs (ballons...) dehors ou en salle. À 11h45, le dîner est servi suivi d'une récréation. Vers 13h30, un goûter et une boisson sont distribués dans « l'ordre et le silence ». Promenade vive en rang comme le matin, entrée en classe : chant, leçons de choses, livre d'images, occupation manuelle : troisième ou quatrième don de Frœbel, pliage, construction avec lattes ou bâtonnets, étude des formes, découpage (Masson, 1880).

On le voit, le programme sous-tend alors une organisation cadrée et rigide dont il semble relativement difficile de s'écarter ! Bien sûr la disposition des locaux et l'organisation des classes impliquent alors une méthodologie peu variée ; disposition frontale face à l'adulte, les enfants sont assis à leurs bancs et y travaillent, jouent, manipulent individuellement, chacun disposant de son matériel propre. Les moments de récréations ludiques n'ont lieu que rarement, et uniquement dans la salle de jeu ou dehors, au jardin. Il ne s'agissait surtout pas de jouer en classe ; lieu où l'action pédagogique se doit d'être exclusivement centralisée sur l'éducation (Grootaers, 1998). En outre, recommandation faite aux enseignantes, les leçons ne devaient jamais excéder trente minutes, offrir une constante variété et éviter autant que possible la contrainte et la fatigue excessive (ministère de l'Instruction publique, 1890).

La relation pédagogique est caractérisée par l'importance de l'ordre et de la discipline, et les enfants ne disposent que de peu de libertés (Masson, 1880 ; Van Calcar, 1882) ; les institutrices rythmant l'apprentissage d'une main de fer à coups de punitions et de récompenses ! On considérait alors que l'important était surtout d'habituer l'enfant à une obéissance parfaite, et de le prémunir par ailleurs des influences extérieures négatives considérées comme néfastes pour son développement physique, moral et intellectuel (Grootaers, 1998).

Malgré tout, le programme type explique que l'institutrice doit viser le développement de l'activité spontanée et libre de l'enfant. Littéralement provoquer l'action, créer l'occasion d'apprendre, aider l'enfant à comprendre l'objectif des exercices proposés, et susciter sa motivation en toute spontanéité et liberté (ministère de l'Instruction publique, 1890).

Au cœur de cette tension qui apparaît donc ici entre « autocratie » et « laisser-faire » au sens défini par Lippitt et White (1978), on ne manquera pas de distinguer la prédominance d'une position évaluative essentiellement centrée sur la personne de l'enseignant, relative à des objectifs d'apprentissage identiques pour tous, et prédéfinis de façon stricte sur base de la nature du matériel et des activités réalisées.

Pour ce qui concerne les domaines d'activité proposés, on oscille par ailleurs ici entre plusieurs aspects liés à la socialisation, par l'apprentissage de la *propreté, de l'ordre, de la politesse, de l'obéissance, du bien et du mal* et ce que l'on peut considérer comme les prémices d'une approche plus disciplinaire par l'évocation *d'exercices physiques* destinés à muscler les enfants, *d'exercices de pensée, de langage et de récitation* destinés à apprendre à *s'exprimer avec aisance et netteté*, de chants appris par cœur par audition, *d'occupations manuelles* (dons de Frœbel), et pour les grands, des rudiments de lecture, écriture et calcul (au choix de chaque établissement).

Les directives édictées par ce premier programme de 1890 resteront d'application plus de trente-cinq ans ; un record en la matière ! Après la Première Guerre, les premiers signes d'insatisfaction se font en effet sentir vis-à-vis des pédagogies d'inspiration frœbéliennes, jugées trop sévères, mécaniques, et que l'on assimile par ailleurs au caractère rigide du modèle allemand (Grootaers, 1998). À cette époque, ce sont les idées de Maria Montessori qui eurent un impact sur la rédaction du tout nouveau *Programme des activités à l'école gardienne* de 1927.

De 1927 à 1950 : la période montessorienne

Son système éducatif est basé sur la psychologie de l'enfant ; il vise au développement physique, intellectuel et moral du jeune écolier… La pédagogie de Maria Montessori suscite un grand enthousiasme et connaît une large diffusion dans le monde entier. Le programme officiel de 1927 l'accrédite dans notre pays. Ce document réserve une place de choix aux exercices montessoriens : exercices sensoriels et musculaires, exercices de langage, de vie pratique, de jardinage, leçons de choses. (ministère de l'Éducation nationale et de la Culture, 1963)

Dans ce nouveau programme, le nombre d'élèves par groupe est en diminution ; un enseignant s'occupera à présent de trente à quarante enfants en moyenne (Grootaers, 1998).

L'âge d'accueil reste lui fixé à trois ans. La propreté des locaux demeure importante, l'institutrice doit y veiller. Le mobilier de la classe est constitué de bancs pour deux alignés vers un grand tableau noir, et de petits tableaux noirs latéraux sont envisagés pour le travail individuel des enfants. Le matériel didactique est par ailleurs très précisément listé, dans l'esprit montessorien : jouets, cordes à danser, cerceaux, raquettes et volants, poupées, outils de jardinage, collections de formes et volumes, collections d'images et de tableaux didactiques, un plateau de sable, de la terre à modeler, du matériel de construction, des ciseaux, des carrés de papier non brillant, des canevas de tissage, des bandelettes, du papier et du carton mince, du raphia, des perles, de la laine, des ardoises et de la craie. L'institutrice pouvant disposer de tout ce matériel afin d'éveiller l'enfant à l'esthétisme (ministère de l'Instruction publique, 1927).

La première directive donnée par le programme est par ailleurs que « l'horaire ne sera pas fixé trop rigoureusement » et les « leçons systématiques » espacées ; mais un horaire type est malgré tout proposé. Accueil de 8h30 à 8h40 puis dix minutes de religion et morale. Dès 9h00 changement d'activité toutes les 20 minutes ; éducation sensorielle puis activité verbale (élocution, savoir-vivre, chant ou récitation), jeux libres, jeux rythmiques, chants, occupations manuelles. Repas de 11h30 à 13h30 puis propreté, occupations manuelles, jeux libres, dessin, jeux organisés ou rythmiques, chants, religion et morale en fin de journée jusque 16h00 (ministère de l'Instruction publique, 1927).

Il apparaît dans les textes une volonté de tenir davantage compte de l'individualité de chaque enfant notamment par la réalisation d'observations psychologiques et d'évaluations didactiques. L'élève est perçu comme un être spécifique dont il faut accompagner la croissance en stimulant son sens du jeu (Grootaers, 1998). Autre nouveauté, la pédagogie par thèmes fait son apparition, probablement déjà sous l'influence des idées de Decroly[2]. On propose effectivement ici aux enseignants de construire leurs activités éducatives autour de sujets généraux pour susciter l'intérêt chez l'enfant. En outre, des tâches nécessaires à la vie de la classe pourront lui être confiées ; arrosage des plantes, rangement, nettoyage des tables ou des sols, etc. L'attitude attendue chez les enfants est centrée sur l'auto-éducation, le *self-control* et l'activité libre. Ce qui était nouveau, voire révolutionnaire ici, était l'idée que l'enfant pouvait désormais s'exprimer, plutôt que l'adulte exclusivement (Grootaers, 1998). La relation pédagogique s'exprimera dès lors principalement par le biais de consignes positives internes plutôt qu'à l'aide d'interdictions externes. La sévérité n'est plus tant souhaitée que la patience, la compréhension et l'accompagnement de l'institutrice. L'insoluble tension entre autorité et laisser-faire qui sous-tendait la nécessité de « dresser » l'enfant par la contrainte, semble dès lors laisser place à une vision plus optimiste, faisant davantage confiance en la bonté naturelle de l'enfant.

Pour ce qui est du contenu des activités, le programme se subdivise en cinq domaines distincts, dans une approche purement disciplinaire qui inclut le développement social et moral comme matière à part entière. On distingue ici « l'éducation physique » par la pratique des soins hygiéniques et à travers des jeux individuels ou collectifs ou des exercices destinés à développer la force physique et l'adresse ; « l'éducation sensorielle » (couleurs, formes, dimensions, sons, textures, saveurs…) et « intellectuelle » par des exercices d'attention, d'observation, de jugement et de raisonnement, de vocabulaire, de langage, de mémoire, d'élocution ou de récitation ; « l'éducation esthétique, manuelle et pratique » au travers d'occupations manuelles, de modelages, du dessin et de la musique ; « l'éducation sociale » dans les jeux symboliques (poupées, magasin, jeux ménagers…) ; et « l'éducation religieuse et morale » par des entretiens, causeries et récitations.

---

[2] 1871-1932. Médecin et pédagogue belge, promoteur d'une approche fondée sur la notion de centres d'intérêt.

On retiendra de cette période une évolution vers une plus grande souplesse de l'horaire, l'importance donnée à l'enfant, ses spécificités, ses besoins et ses intérêts, l'approche par thèmes, l'apparition d'activités fonctionnelles sous l'influence des courants pragmatiques, une relation pédagogique basée sur l'accompagnement, l'autonomie de l'enfant et moins l'autorité de la « maîtresse » et enfin la prise de conscience de l'importance du jeu dans les apprentissages et le développement de l'enfant. On reste par contre dans un enseignement de type frontal, un tableau noir, des bancs alignés et un mode de travail principalement individuel.

Ce programme ne fit pas long feu comme le souligne le ministère de l'Éducation dans sa rétrospective de 1963. Probablement parce qu'au même moment, la Belgique découvrait les idées de Decroly qui allaient bientôt influencer plus fondamentalement les nouveaux textes. Aussi sans doute parce qu'en pratique, la pédagogie de Montessori avait donné lieu à une approche trop intellectualiste et analytique de l'enfant, manquant de réalisme (Grootaers, 1998). De fait, à peine vingt ans plus tard, en 1946, un fascicule regroupant des propositions pour une *Réforme de l'enseignement public belge* est édité par la ligue de l'enseignement belge et en 1950, celles-ci sont consacrées par le *Plan des activités éducatives à l'école gardienne* ; nouveau programme officiel.

De 1950 à 1974 : la période decrolyenne

Au lendemain de la Deuxième Guerre mondiale, la fréquentation va progressivement s'étendre aux enfants de toutes les catégories sociales ce qui était loin d'être le cas avant ; et dès la moitié du XXe siècle, en Belgique francophone, la majorité des enfants de trois à six ans fréquentent l'école maternelle (Eurydice, 1994) qui devient dès lors à plus forte raison partie intégrante du système scolaire. Sur le plan pédagogique, la théorie decrolyenne basée sur la psychologie « fonctionnelle » apporte l'idée selon laquelle tout ce qui se réalise à l'école doit répondre à un véritable besoin de la part de l'enfant (Grootaers, 1998).

On ne constate cette fois pas de changements apportés à la taille des groupes d'enfants, mais pour la première fois la structure interne de la classe est remise en question, notamment par l'introduction de tables basses et « facilement déplaçables » (Grootaers, 1998). C'est donc dans un espace plus modulable que l'on propose désormais aux encadrants de travailler, et nous verrons que le déplacement de l'institutrice est même envisagé pour la première fois. « Les salles de classe sont spacieuses, pourvues de larges baies avec vue sur le paysage environnant. Elles sont meublées de tables individuelles et de tables rondes collectives » (ministère de l'Instruction publique, 1950, p. 9). On propose en outre l'aménagement pour les enfants d'une cuisine, d'armoires accessibles, d'un « coin vivant » avec des animaux, un théâtre, etc.

L'horaire n'est ici plus basé sur un timing précis de journée mais propose un canevas général d'activités : accueil, propreté, charges, puis un entretien spontané permettant de mettre en évidence les intérêts du moment et d'amorcer les activités de la journée (observation, tâches, réalisations…). En dehors de cela, on propose de « couper » la journée avec des activités de type exercices de gymnastique, danse, jeux éducatifs, jeux libres, théâtre de marionnettes, etc. Le rangement de la classe se fait par les enfants.

L'atmosphère se veut en outre plus familiale, on cherche à créer en classe une sorte de deuxième foyer pour l'enfant (Grootaers, 1998). L'institutrice se tient devant mais aussi au milieu de ses élèves ce qui est totalement nouveau et suppose une plus grande individualisation de la relation pédagogique. Une institutrice efficace devait savoir comment encourager individuellement ses enfants, sans les brusquer, et en maintenant dans la classe une atmosphère agréable propice à l'expression de la vie enfantine (Grootaers, 1998). C'est donc autour de cette vision positiviste que la vie et les apprentissages à l'école maternelle s'organiseront désormais mais pour autant, la discipline n'est pas bannie du programme précisant que si ni l'affection ni la raison ne se montrent utiles, c'est la réprimande qui viendra en dernier recours, ferme et néanmoins toujours bienveillante (ministère de l'Instruction publique, 1950).

Quatre procédés pédagogiques sont préconisés : « l'observation », dans le but de mettre l'enfant en contact direct avec les choses ; « le travail par centres d'intérêt », méthode déjà présente dans le dernier programme mais jugée mal comprise et que l'on entend renforcer ici ; « les jeux éducatifs » (puzzles, lotos, dominos, jeux de cartes) ; et « le jeu libre », « La maîtresse surveille discrètement son petit monde, veille au bon ordre et observe les réactions de chacun. » (p. 19).

Du point de vue des contenus enfin, la structure subdivisée du précédent programme entre formation corporelle, intellectuelle, et sociale est rejetée, considérée comme trop artificielle, ce qui importe ici est la formation intégrale de l'enfant avec comme point d'appui ses besoins, différenciés en fonction de l'âge (Grootaers, 1998). Quatre types d'activités en découlent : sont envisagés : « les occupations constructives » telles que le modelage, les constructions, les bricolages divers, la fabrication de colliers ou encore le tissage ; « les occupations pratiques » de jardinage, vaisselle et autres charges de la vie de la classe ; « les occupations basées sur la maîtrise du langage » au travers de la verbalisation sur ses productions, d'entretiens collectifs et d'échanges durant les observations ; et « les activités spécifiquement éducatives » comme le théâtre, l'écoute de récits, l'apprentissage de poèmes, de chansons, ou de danses, ainsi que l'éducation morale (et/ou religieuse) et sociale.

On remarque là l'apparition de plusieurs méthodes encore d'usage aujourd'hui : l'observation, l'entretien familier en début de journée, le travail par centre d'intérêt, la pédagogie centrée sur l'enfant, l'utilisation du jeu éducatif et libre… On se détache petit à petit de l'enseignement frontal, on parle pour la première fois de différences en fonction de l'âge et les domaines proposés par le programme sont vus de façon globale proposant des activités manuelles, verbales, pratiques et éducatives sans précision au point de vue des notions à acquérir. Du point de vue pédagogique, la relation adulte-enfant se veut plus spontanée et individualisée, évoluant dans la vie quotidienne de la classe qui est vue comme un foyer familial au sein duquel prennent place un tas d'activités ludiques, fonctionnelles ou constructives ; l'adulte évalue le développement affectif, social et cognitif de l'enfant au jour le jour, principalement à l'occasion d'échanges individuels et par l'observation de celui-ci au sein du groupe.

C'est vers 1970 qu'une nouvelle volonté de changement commença à se faire sentir, officiellement vis-à-vis du caractère jugé trop dirigiste de l'école maternelle d'alors, ce qui semble totalement contradictoire en regard de la conception decrolyenne, mais surtout en réalité suite à une volonté politique de scolariser davantage cette institution comme en dénote le changement d'appellation qui s'est ensuivi ; fini l'école « gardienne » comme elle était appelée de longue date, on se trouve désormais dans l'enseignement « préscolaire » !

De 1974 à 1985 :
la réforme de l'enseignement préscolaire

La nouvelle tendance nous vient de la psychologie humaniste qui met en évidence la capacité d'autodétermination de l'individu, c'est-à-dire une tendance qui la pousse à se développer selon les fins qu'elle a définies ainsi qu'une capacité à se réajuster au regard de son vécu. Cette conception axée sur l'épanouissement personnel réintroduit la notion de conscience individuelle dans l'étude du comportement occulté par le behaviorisme et par la perspective freudienne (déterminisme du milieu et déterminisme du subconscient). Dès lors, le caractère unique de la personne est reconnu, on se place ici dans l'idée d'un enseignement maternel basé sur l'expérience des enfants. L'adulte laissera autant que possible à l'enfant l'initiative de son développement, sans s'imposer outre mesure (Grootaers, 1998).

On accueille désormais à l'école maternelle les enfants dès deux ans et demi, et le nouveau programme est applicable dès dix-huit mois donc à la crèche ou en pré-gardiennat[3] ; c'est pour la première fois l'accueil « pré » scolaire dans son ensemble qui est envisagé. Les locaux sont conçus de manière souple mais avec des repères stables ; il est important peut-on lire, que l'enfant puisse retrouver chaque jour sa chaise, son coin de table, mais il faut éviter qu'il s'agisse d'une obligation ce qui limiterait les contacts spontanés dans la classe (Direction générale de l'organisation des études, 1974). Si des tables basses sont disponibles pour les observations et autres manipulations en groupe, les bancs individuels sont par ailleurs toujours présents, alignés vers un tableau en disposition frontale.

Le programme n'évoque plus la question des horaires, pour se concentrer essentiellement sur les contenus à enseigner et les méthodes. On y observe une volonté de rompre avec l'attitude « maternelle affective » de l'enseignante jugée pourtant essentielle jusqu'ici ; on attend à présent une relation des enfants à un adulte « chaleureux et stable », structurant, accompagnant et éducateur. (Direction générale de l'organisation des études, 1974). Aussi, la pratique enseignante doit être une stimulation constante, l'enseignant aura à observer l'enfant pour choisir quand il est prêt à affronter une situation nouvelle et l'y conduire en l'aidant à réussir. Il ne s'agit jamais, dans quoi que ce soit de forcer l'enfant à faire quelque chose, on attendra de lui initiative et autonomie. On parle en outre pour la première fois de différenciation pédagogique et d'évaluation de l'enfant relativement à une norme de développement. Du point de vue des appuis théoriques, l'influence de la psychologie des apprentissages nous fait entrer dans le règne des objectifs ; Mager (*Comment définir des objectifs pédagogiques*, 1971) est particulièrement lu. C'est la période des taxonomies, des modèles de hiérarchisation des objectifs et de l'attention portée à l'opérationnalisation de

---

[3] Structure intégrée à la crèche où les enfants suivent déjà des activités éducatives.

ceux-ci (Bloom, 1969). Cependant on propose plutôt aux enseignants de formuler leurs démarches en termes de buts généraux et spécifiques (qui deviendront objectifs, puis objectifs opérationnels) en s'inscrivant dans une progression linéaire étape par étape permettant d'amener les enfants à la « maturité comportementale » minimum définie.

Le programme en lui-même se caractérise par une série de cinq petits livrets théoriques : le premier contient de la théorie générale sur la psychologie de l'enfant de dix-huit mois à sept ans avec à chaque âge, les implications pour l'école maternelle et les principes pédagogiques attendus en conséquence. Les quatre suivants concernent chacun un domaine particulier et c'est là encore une particularité inédite, puisque c'est la première fois qu'un programme de l'enseignement maternel subdivise clairement ses directives en matières scolaires distinctes, s'affiliant du même coup à l'approche déjà privilégiée au primaire. « L'école maternelle réaffirme à nouveau la nécessité de préparer l'enfant à recevoir avec fruit l'instruction primaire » (Delhaxe, 1988, p. 55).

Chaque livre contient pour le domaine qui le concerne de la matière théorique, l'axe selon lequel la progression des enfants doit être envisagée, les types d'activités à donner et enfin les prérequis à l'entrée au primaire c'est-à-dire le niveau minimal que doivent atteindre les enfants. Voici les activités proposées pour chaque domaine : « le langage » premièrement durant l'entretien familier et les observations, à l'occasion des sorties aussi (mentionnées pour la première fois), pendant les activités constructives, mais aussi à travers la verbalisation à propos d'un film par exemple ou encore l'écoute de récits, contes et pièces de théâtre ; « l'éducation rythmique et musicale » par des chants et jeux chantés, des activités rythmiques, la pratique du jeu d'instruments et des auditions ; « les mathématiques » pour lesquelles on retrouvera des activités d'exploration de l'espace que l'on propose d'introduire à partir de petites situations (tracer un chemin, un circuit, un labyrinthe, s'orienter, faire un plan de l'école, blocs logiques, jeux géométriques, puzzles), la découverte des ensembles et des relations (classements, mises en relation de collections, d'objets) ainsi que des activités de mesure des nombres (classements d'objets suivant leur taille, leur longueur, leur poids, comparaison d'objets, utilisation d'outils de mesure du temps, de longueur, de poids, de capacité, comptage…) ; « l'éducation physique et psycho-motrice » dans les jeux collectifs, jeux gymniques, jeux de balles ou d'équilibre, la pratique des jeux à règles et de différents sports, mais aussi dans des activités de psychomotricité fine par la manipulation d'objets, vêtements et outils, le dessin, la peinture, ou le jeu symbolique.

On voit apparaître à cette période une école maternelle oscillant entre des appuis humanistes cherchant à favoriser l'émergence de l'individu, une structuration behavioriste des apprentissages et déjà manifestement certaines premières poussées cognitivistes au niveau des méthodes préconisées. Mais on retiendra également cette volonté forte de scolariser davantage le niveau pré-primaire, tant au niveau des contenus envisagés et de la structure du programme, que du statut de l'enseignant et de l'enfant que l'on veut désormais élève, qu'au niveau de l'approche évaluative sous-tendue par la recherche d'une progression linéaire en paliers. Paliers qu'il faut franchir par la réussite d'une performance définie et face auxquels il devient donc également possible d'échouer. On imagine sans difficulté désormais comment pourront émerger certaines pratiques directement liées à la culture de l'évaluation scolaire comme la passation de bilans certificatifs, le relevé sommatif des acquis, le classement des élèves avec mise en évidence des plus performants, la formalisation de la réussite et donc par extension la possibilité du redoublement comme il sera montré au chapitre suivant (voir Bouko et Van Lint dans cet ouvrage).

De 1985 à 1994 : la réforme de la réforme

Dix ans plus tard, l'école maternelle se verra dotée d'un nouveau programme qui n'innove en fait pas particulièrement.

Il est en effet d'emblée annoncé comme une forme simplifiée du précédent considéré comme indigeste. Il en reprend l'essence mais sous une forme plus claire, plus avenante, plus accessible aux enseignants et en étoffe par ailleurs les matières abordées, les exemples d'activités et les orientations méthodologiques souhaitées.

À cette période, la population des classes descend à peu près au nombre actuel, c'est-à-dire entre vingt et vingt-cinq enfants. Le programme propose en outre pour la première fois de mélanger ponctuellement les groupes d'âge, autrement dit de « décloisonner ».

On précise que les aires d'activités pourront être réparties suivant les besoins spécifiques et que l'aménagement spatial et le matériel seront systématiquement adaptés aux projets en cours. Une organisation souple entre classes voisines est évoquée, avec partage de matériel et/ou de locaux par exemple. L'aménagement de la classe favorisera également la souplesse dans les activités, mais aussi l'autonomie, la prise de responsabilité, la créativité, le sens de l'esthétique ou encore le respect d'autrui et de son environnement (ministère de l'Éducation, de la Recherche et de la Formation, 1985).

Des espaces que l'on adapte, réorganise selon les besoins, des classes qui se mélangent, partagent des locaux, des enfants plus mobiles, une organisation finalement beaucoup plus souple qu'auparavant et qui marque les débuts de la classe-atelier avec circulation libre des enfants.

Au niveau de la gestion des horaires, on parle cette fois de chercher le bon compromis entre prévision et réalisation ; il faudra trouver le meilleur équilibre possible entre la gestion des imprévus et la planification précise de l'action pédagogique, entre activités en groupes, moments individuels et collectifs, interventions de l'adulte, synthèses des activités, etc. Pour ce qui concerne en outre l'organisation de la semaine type, pas de changement, on insiste simplement sur le fait que les enfants de cet âge ont besoin de repères temporels stables dans leur journée qui lui seront donnés par exemple par les moments de collations, récréations, etc. (ministère de l'Éducation, de la Recherche et de la Formation, 1985).

Les appuis théoriques restent globalement les mêmes que dans le programme précédent ; on travaille en formulant des objectifs « opérationnels », c'est-à-dire que pour chaque activité, l'enseignant doit définir l'objectif qu'il cherche à atteindre en termes de ce que les enfants seront précisément capables de faire à la fin, grâce à l'apprentissage apporté par cette activité. Nous avons parlé de la généralisation du principe de la classe-atelier, notons également l'évocation de la pédagogie par projet qui consiste en la mise en œuvre d'une série d'activités nécessaires à la réalisation d'un projet au travers duquel on attendra de l'enseignant qu'il fasse émerger savoirs et savoir-faire liés aux matières du programme. Relevons enfin le retour du jeu et des charges qui avaient été effacés par l'importance prise par les matières en 1974 et se trouvent ici réaffirmés comme méthodes pédagogiques à part entière.

Concernant le contenu des activités, on maintient ici une formulation par matières en étoffant légèrement la liste : « activités psychomotrices » (moments libres et non structurés, gymnastique, sports, rythmique, motricité fine…) ; « activités d'art plastique » (maîtrise des techniques et des outils pour affiner le geste et développer l'imagination) ; « activités de langage » (on y distingue pour la première fois le « langage oral » et le « langage écrit » ce qui peut probablement apparaître comme un nouveau symptôme de l'inflation scolarisante dans laquelle on se trouve) ; « activités mathématiques » (l'espace, les grandeurs, le nombre, les ensembles, et les relations) ; « activités musicales » (chants, comptines, rondes, auditions, jeux rythmiques, danses, orchestrations et activités créatrices) ; « activités scientifiques » (schéma corporel, cinq sens, nutrition, vie animale et découverte du monde physique).

Retenons donc de cette période, la réaffirmation d'une pédagogie linéaire par paliers, et le maintien d'un cloisonnement disciplinaire des activités dont les contenus empruntent largement aux premières années de l'enseignement primaire, même si on constate dans le même temps le retour du jeu et des activités fonctionnelles, l'apparition de la pédagogie par projet, et l'augmentation de la mobilité dans et hors la classe par le biais de décloisonnements, de la classe ateliers ou encore de l'alternance des modes de regroupement. C'est aussi la première fois que l'on distingue les notions de savoirs et de savoir-faire et que la nécessaire transversalité dans les apprentissages est évoquée. Du côté de l'évaluation, on peut par ailleurs supposer que le cloisonnement des matières, l'énoncé exhaustif des contenus à acquérir et la définition d'objectifs par paliers ne nous éloignent pas fondamentalement des pratiques scolaires que nous pouvions potentiellement identifier au départ de la période précédente.

1994 : l'avènement des compétences et l'approche par cycles

Moins de dix ans plus tard, un nouveau programme marquant le début d'une nouvelle ère sera édité ; l'approche behavioriste par paliers d'objectifs est fortement mise en question et le chemin vers la pédagogie des compétences est engagé. En 1994 déjà, le ministère finalise la première version des *Socles de compétences*. En 1995, il édite *À l'école fondamentale, les enjeux avant 6 ans*, addendum orienté spécifiquement sur la maternelle. En 1997 est approuvé le décret *Missions* issu d'un large consensus entre les différents réseaux organisateurs d'enseignement en Communauté française, et en 1999 est éditée la version actuelle des *Socles* ; unique programme officiel pour l'enseignement à partir de deux ans et demi jusqu'à quatorze ans.

Nouveauté importante donc, ce programme édicté à l'attention du niveau pré-primaire est le premier à ne plus lui être spécifique ! Devenant le même pour tout le tronc commun de l'enseignement (deux ans et demi à quatorze ans). Cela signifie une orientation franche vers l'intégration de la maternelle dans la scolarité, puisque celui-ci n'apparaît même plus en tant que tel, mais se trouve englobé dans le premier des trois cycles de l'enseignement fondamental dont la certification intervient à la fin de la deuxième année du primaire. Si on peut légitimement s'étonner de cette disparition de l'école maternelle comme niveau spécifique, il faut surtout constater la disparition des paliers intermédiaires au profit d'une approche plus globale dont l'objectif formulé est de permettre à l'apprenant de développer certaines compétences, ensembles organisés de savoirs, savoir-faire et savoir-être, à son propre rythme à l'intérieur de chaque cycle. Ces compétences sont détaillées dans une progression générale au fil de la scolarité, et par ailleurs distinguées entre, d'une part des ensembles transdisciplinaires ou transversaux, et d'autre part, plusieurs ensembles disciplinaires. Cette fusion avec la scolarité obligatoire aura pour effet un élargissement du nombre de disciplines proposées dès la maternelle, avec apparition de l'« éducation par la technologie », de l'« histoire », de la « géographie » ainsi que de « la vie économique et sociale », matières typiquement scolaires, absentes des programmes jusqu'alors.

Au sein de cet ensemble englobant la scolarité comme un tout, l'article 12 du décret Missions (ministère de l'Éducation de la Communauté française de Belgique, 1997) énonce malgré les objectifs généraux supposés prévaloir au cours de la période pré-primaire : « développer la prise de conscience par l'enfant de ses potentialités propres » et favoriser, à travers des activités créatrices, l'expression de soi ; « développer la socialisation » ; « développer des apprentissages cognitifs, sociaux, affectifs et psycho-moteurs » ; « déceler les difficultés et les handicaps des enfants » et leur apporter les remédiations nécessaires.

On notera l'absence d'autres précisions concernant les activités ou les méthodologies préconisées. La lecture du reste du décret permet en outre d'épingler certaines nouveautés : l'organisation d'aides extérieures à la classe et l'apparition pour la première fois dans les textes de la notion de pédagogie différenciée, une nouvelle diminution du nombre d'élèves par titulaire à vingt-deux en moyenne, et la formulation d'orientations sous-tendues par une approche plus active et constructiviste de l'acte d'apprendre en milieu scolaire.

Empreinte de pratiques scolaires, notre école maternelle belge le reste donc aujourd'hui, suivant son chemin d'articulation voire d'intégration au cycle primaire. Du point de vue des lignes directrices générales, on relève des textes une orientation constructiviste et socioconstructiviste manifeste, ainsi qu'une mise en avant d'une importance donnée au rythme de chaque élève, à l'évaluation formative et à une approche plus différenciée de la pédagogie. L'apprentissage y est envisagé dans le cadre d'un développement non linéaire de compétences, articulant savoirs, savoir-faire et attitudes tant sur le plan disciplinaire que transversal. L'évaluation qui s'en trouve implicitement sous-tendue s'entend individualisée, établie sur la base de socles de compétences générales définis par cycles et non plus par année scolaire, et surtout en lien direct avec des tâches réelles, complexes et contextualisées.

Retour sur la question de la scolarisation

L'Europe est un berceau historique de l'accueil de la petite enfance, et on peut considérer que notre continent se distingue toujours d'autres en offrant « une plus grande prise en charge des jeunes enfants avant l'âge de la scolarité obligatoire, dans des structures plus réglementées et plus largement subventionnées par des fonds publics » (Plaisance et Rayna, 1997, p. 108). Ceci permet d'épingler un élément de culture commune en Europe, mais ne garantit pas pour autant que les structures soient globalement similaires, ni même semblables, par-delà les frontières. Les traditions et cultures propres à chaque pays ont en effet conduit aujourd'hui à une grande diversité intra-européenne que constatent dans le même temps Plaisance et Rayna en distinguant toutefois deux grandes tendances dans les systèmes destinés aux plus de trois ans.

D'une part, les structures qu'ils regroupent sous le terme de « Jardins d'enfants » dont les objectifs restent centrés sur les soins et la socialisation, et d'autre part les « écoles maternelles » qui revêtent un caractère davantage scolaire et éducatif, en vue d'offrir un certain degré de préparation à l'enseignement primaire. De la même façon, le rapport Eurydice publié en 2009, met en avant le fait que la spécificité d'un système au sein de l'Union européenne peut être définie au travers de l'équilibre existant entre « les pratiques propices au développement (également décrites en termes d'orientation socio-affective) et les pratiques didactiques ou académiques (fortement axées sur les compétences langagières et cognitives fondamentales liées à la lecture, à l'écriture et aux mathématiques) » (p. 30).

Il apparaît évident que les changements successifs ont fait évoluer le système belge francophone au milieu de cette tension ; d'un modèle gardiennant et socialisant vers un modèle de plus en plus scolarisant. De nombreux autres systèmes empruntent actuellement cette même voie tandis que d'autres tendent à revendiquer le maintien d'une certaine distance avec l'enseignement primaire. Dans un article publié en 2009, Garnier envisage en effet la dynamique évolutive de cette tension en Europe ; constatant un renforcement progressif du caractère scolaire des systèmes « scolarisés », face à une revendication plus forte des fondements historiques basés sur le gardiennage, l'éducation sociale et l'épanouissement de l'enfant des systèmes « socialisants ». En d'autres termes, il semble que l'écart se soit marqué au cours de la seconde moitié du XXe siècle, et continue de se creuser entre les premiers et les seconds.

Bennett (2009) va dans le même sens et distingue par ailleurs ces deux approches du point de vue structurel entre d'un côté les systèmes qui intègrent la gestion de l'ensemble de l'accueil de la petite enfance dans une même structure ministérielle, et de l'autre l'intégration du pré-primaire dans le ministère de l'Éducation, ce qui est le cas en Belgique francophone. Or, nous l'avons évoqué, on peut se permettre de craindre les effets négatifs d'une telle dépendance structurelle, à tout le moins au niveau de l'existence d'une responsabilité éducative portée par un niveau d'enseignement non-obligatoire, d'une inflation primarisante des contenus, programmes et méthodes d'enseignement, et de l'emprunt de dispositifs d'évaluation potentiellement discriminants tels que la présélection aux établissements primaires, le classement des élèves ou le redoublement précoce par exemple.

Pour conclure notre propos, prenons simplement le parti de constater que l'étude de la littérature et l'analyse historique des systèmes met au minimum en évidence l'intérêt d'une réflexion approfondie sur ce renforcement actuel d'une certaine doxa primarisante en Europe, portée le plus souvent sous le couvert d'une amélioration de la scolarité future qui ne fait pourtant pas défaut dans les systèmes qui s'en affranchissent comme le montrent les études comparatives internationales. Les politiques, ainsi retranchés derrière le concept d'efficacité, tendent de plus en plus à exiger des résultats rapides et facilement observables dans des domaines tels que la littéracie ou les mathématiques, et en cela « mettent à mal l'approche développementale et entraînent un abaissement de l'âge des acquisitions scolaires » (Marcon, 2002, cité par Eurydice, 2009, p. 32). De notre point de vue, ce type de phénomène n'est pourtant pas spécifique au préscolaire et s'observe également dans les autres niveaux d'enseignement. Ainsi, l'idée qu'à la fin du primaire il convient de commencer à faire comme au secondaire afin de mieux préparer les élèves semble largement répandue. Il en va de même à la fin du secondaire par rapport à l'enseignement supérieur. On peut y voir une tendance de nos systèmes éducatifs à privilégier une anticipation du niveau suivant par soucis d'efficacité et de transition. Ce phénomène, susceptible d'engendrer ce que nous appelons une inflation scolarisante globale, est probablement à mettre aujourd'hui en question en Belgique et dans les autres systèmes qui la subissent, notamment pour en identifier les effets pervers au plan pédagogique et social, mais aussi et surtout parce qu'il n'est pas évident qu'elle puisse être justifiée par d'autres appuis que ceux relatifs à la croyance selon laquelle pour préparer l'accès au niveau suivant, un niveau d'enseignement donné gagne à en emprunter les codes, contenus, méthodes et modes de fonctionnement spécifiques.

CHAPITRE VII

Quelles pratiques d'évaluation à l'école maternelle en Belgique francophone ?

Charlotte BOUKO et Sylvie VAN LINT

Introduction

En Belgique francophone, avant même la scolarité obligatoire, près de 4 %[1] des élèves de l'école maternelle subissent le recours au maintien[2]. Forme suprême de l'évaluation, cette pratique contraint, en moyenne, près d'un élève par classe à vivre son entrée à l'école primaire avec un an de retard. Et pourtant, aucune évaluation des apprentissages scolaires n'est formellement organisée. En effet, seul « un mode diffus d'appréciations du "niveau" de développement des enfants ("intelligence", "autonomie", "comportements"...) » (Joigneaux, 2009) y est appliqué.

Un très grand nombre de recherches[3] ont traité, sous des angles variés et avec des méthodologies diverses, la question du redoublement dans les pays qui y ont recours. Ces recherches mettent notamment en évidence l'inefficacité du redoublement

---

[1] D'après les Indicateurs de l'enseignement 2013, disponible sur le site http://www.enseignement.be/index.php?page=26981.

[2] En Belgique francophone, le maintien est l'appellation donnée au redoublement à l'école maternelle (école non obligatoire).

[3] Pour de plus amples informations par rapport à ces recherches : CNESCO (2014). *Lutter contre les difficultés scolaires : le redoublement et ses alternatives ? Partie 2 : Le redoublement en France et dans le monde : De l'étude de ses impacts à la croyance en son utilité.* Rapport disponible sur le site du Cnesco : http://www.cnesco.fr.

à moyen et long termes quant aux apprentissages mais également quant à la confiance en soi de l'élève et au risque accru d'abandon scolaire précoce. D'autre part, il apparaît que, tant en Belgique qu'en France et au Québec, les politiques de lutte contre le redoublement ne produisent pas les résultats escomptés (Kahn, 2010) : en effet, les enseignants recourent, parfois massivement, au redoublement malgré les injonctions contraires émanant de l'autorité politique.

Afin de mettre en tension les résultats de recherche et les pratiques de redoublement opérées par les acteurs du terrain scolaire, il convient de s'interroger sur le dialogue de sourds qui semble exister entre chercheurs et enseignants. Si l'on fait le pari de la rationalité des acteurs, le recours fréquent au redoublement constituerait le signe que les acteurs lui reconnaissent une certaine efficacité. Les recherches de Paul et Troncin (2004) parlent d'un instrument incontournable de l'acte pédagogique aux yeux des enseignants. Ceux-ci voient dans le redoublement une mesure nécessaire dont les effets positifs surpassent les effets négatifs : le redoublement apparaît comme une chance supplémentaire de maîtriser les compétences attendues, de combler les lacunes affichées ou de consolider les acquis trop fragiles qui ont conduit à l'échec. Il est vu comme une opportunité de redonner confiance à l'élève et de le réconcilier avec les apprentissages, comme une possibilité offerte aux élèves jugés aptes à en tirer profit ou comme une pause dans le cursus scolaire, de nature à aider les élèves plus fragiles à « mûrir ». Toutefois, notons que Tomchin et Impara (1992) ont constaté que les convictions des enseignants sur le bénéfice qu'apporte le redoublement peuvent varier selon le niveau scolaire enseigné. Les enseignants des classes primaires semblent avoir des croyances moins favorables sur le redoublement que ceux des classes secondaires (Witmer, Hoffman et Nottis, 2004).

En outre, Dubet (2002, p. 15) s'est interrogé sur les raisons pour lesquelles les « professeurs croient dans les vertus du redoublement ». Selon lui, l'incompréhension mutuelle entre chercheurs et enseignants se comprend à partir du simple fait que ces acteurs occupent des positions différentes dans le système et ont donc des points de vue différents. Ils ont également des expériences et un rapport au savoir différents. Ainsi, les enseignants ont de bonnes raisons de croire dans les vertus du redoublement même quand les études sur ce problème démontrent le contraire car, « dans la plupart des cas, l'élève redoublant sera un peu meilleur durant son année de redoublement ». La vertu du redoublement paraît donc s'imposer comme un mélange d'observation et de bon sens puisqu'on compare le même élève dans la même classe.

> Le chercheur procède tout autrement en comparant deux élèves « théoriques » identiques dont l'un a redoublé, l'autre pas, il montre que le second s'en tire mieux que le premier, sans compter l'effet de stigmatisation du redoublement. Le chercheur a incontestablement raison, mais l'acteur lui, n'a pas tort de ne pas en démordre puisqu'il voit bien « son » redoublant progresser alors qu'il ne peut le comparer à rien et notamment aux progrès réalisés s'il n'avait pas redoublé. (Dubet, 2002, p. 15)

Il en découle que les acteurs auraient des « raisons raisonnables » de ne pas croire ce que racontent les chercheurs. Dubet préserve ainsi l'hypothèse de rationalité des acteurs et pose la question du « désajustement » entre chercheurs et gens de terrain.

Cette réflexion nous montre à quel point le redoublement peut être pour le moins inefficace pour les uns – les chercheurs – et relativement efficace pour les autres – les enseignants. Alors, comment réduire, voire en finir, avec un redoublement intimement inscrit dans l'École ? Par quoi remplacer le redoublement ? Quelle évaluation proposer à l'école maternelle pour éviter le maintien ?

Face à ces constats et ces questions, notre équipe a été sollicitée pour mener une recherche qui s'attache à sonder les causes et les conséquences du recours à la pratique du maintien en troisième maternelle (enfants de cinq ans)[4].

L'objectif général de la recherche était de chercher à comprendre le sens, le rôle et la fonction du maintien pour les équipes éducatives. Pour répondre à cet objectif, les chercheurs ont défini une hypothèse générale de recherche : les enseignants pratiquent le maintien car, selon leurs représentations, cette pratique est efficace. Dès lors, si comme Abric (2001) l'atteste, les pratiques et les représentations s'engendrent mutuellement et forment un ensemble cohérent, dont il s'agit dès lors de penser conjointement la transformation, travailler à l'adoption par les enseignants de nouvelles représentations (du développement de l'enfant, de l'apprentissage, de l'efficacité du maintien...) permettrait d'engendrer de nouvelles pratiques comme celle de réduire le recours aux pratiques de maintien en troisième maternelle.

La présente recherche s'est déroulée sur les années 2009-2011. Dans un souci de clarté, nous présentons, dans un premier temps, la première phase de la recherche – sa méthodologie et ses résultats – suivie de la méthodologie et des principales conclusions de la seconde phase de la recherche.

Première année de recherche

Méthodologie

Durant la première année de recherche, il s'agissait de recueillir et d'analyser les représentations de différents acteurs – enseignants, directions, agents de Centres psycho-médico-sociaux (CPMS)[5] – tant sur la question de la pratique de

---

[4] En réalité, deux recherches ont été commanditées : l'une, macroscopique, qui vise à approfondir les données statistiques et l'autre qui analyse le phénomène de manière qualitative – références complètes en bibliographie.

[5] Le CPMS ou centre psycho-médico-social est un service public gratuit. Il est un lieu d'accueil, d'écoute et de dialogue où le jeune et/ou sa famille peuvent aborder les questions qui les préoccupent en matière de scolarité,

maintien en général que sur le choix des indicateurs de maintien. Au-delà du recueil des représentations des acteurs sur le phénomène de maintien, il paraissait essentiel d'analyser le processus de prise de décision du maintien d'un élève (tant au niveau de sa chronologie qu'au niveau du rôle de chaque acteur). Pour ce faire, vingt-six enseignants, seize directeurs et seize agents CPMS, soit cinquante-huit acteurs ont été interrogés.

Principaux résultats

Au terme de la première année de la recherche, différentes conclusions ont pu être posées. La première était le solide attachement cognitif, affectif et social des enseignants au maintien.

Au niveau cognitif, aucun enseignant interrogé n'avait connaissance des recherches effectuées durant ces vingt dernières années à propos du redoublement. Leur attachement au maintien se basait donc sur leurs expériences personnelles. Ainsi, selon eux, si les bases ne sont pas stabilisées, les apprentissages ne pourront pas se construire de manière satisfaisante comme le montre ce témoignage :

> *Si les enfants ne partent pas avec ces bases pour moi c'est un bagage qu'ils n'auront jamais. Ils n'arriveront jamais à rattraper par après ce qu'ils n'auront pas acquis à ce moment-là. Donc moi je pense que le maintien est une bonne chose pour certains enfants à certains moments parce que ces bases-là sont nécessaires pour construire quelque chose de solide par après.* (École 8 – E1)

Ainsi, l'apprentissage semble se construire linéairement par empilement. Le modèle cumulatif de l'apprentissage (Perraudeau, 2006) paraît profondément ancré chez les enseignants interrogés.

Au niveau affectif, si le maintien est condamné, c'est uniquement au nom des effets pervers sur l'estime de soi et l'étiquetage de l'élève et non pas au nom d'un retard dans

---

d'éducation, de vie familiale et sociale, de santé, d'orientation scolaire et professionnelle.

l'entrée dans les premiers apprentissages formels. Toutefois, les enseignants de l'enseignement préscolaire préfèrent maintenir l'enfant au sein de leurs classes au climat « protégé » que de les promouvoir dans l'enseignement primaire qu'ils présentent comme incapable de respecter les rythmes d'apprentissage des enfants, de gérer les difficultés de ceux-ci. Les propos de cette direction d'école illustrent cette forme d'attachement affectif au maintien :

> *Parce qu'on trouvait qu'elle aurait eu trop de difficultés ici en section primaire, parce que déjà le climat est nettement moins familial... On ne voit pas l'utilité d'envoyer un enfant, en tout cas c'est le sentiment qu'on avait, de l'envoyer au casse-pipe parce qu'on ne voyait pas d'autre issue pour elle. Il me semblait vraiment qu'il était bon qu'elle refasse encore, qu'elle reste en tout cas encore un an dans un... dans une espèce de cocon où elle puisse vraiment déployer toutes ses ailes et bien les sécher surtout à l'air du temps.*
> (D14)

Au niveau social, il est apparu que les enseignants condamnaient le manque de conformité des familles avec l'habitus de l'école (retards, absences, non-respect de réquisits comme « la collation santé du mercredi »...).

Les entretiens réalisés ont également permis de mettre en évidence une très grande convergence dans les propos des acteurs interrogés. En effet, qu'ils pratiquent peu ou prou le maintien, les représentations étaient extrêmement proches. Pour la majorité des enseignants, le maintien est une mesure bénéfique pour l'élève concerné.

Enfin, il a également été constaté, comme déjà souligné dans d'autres études (Marcoux et Crahay, 2008), que les enseignants et les directions situaient les causes de l'échec scolaire majoritairement en dehors du cadre scolaire. Dans la plupart des cas, la famille et l'enfant étaient clairement remis en cause comme le montrent ces extraits d'entretiens :

> *Y a aussi le côté du caractère de l'enfant. T'as des bosseurs et puis t'as des qui [...] Je le constate. J'ai un élève en tête où il va faire vite, vite pour avoir fini. Il va bâcler [...] Je ne dis pas qu'ils sont fainéants mais c'est tout comme.* (École 3 – E1)

> *Ah tiens, qu'est-ce que t'as fait aujourd'hui ? Mais montre-moi ton devoir, montre-moi ton journal de classe, [...] les parents ne regardent pas. Mais moi, je trouve qu'ils devraient s'impliquer plus. Moi ce que je dis toujours aux parents à la réunion au début de l'année : La réussite scolaire de votre enfant dépend de votre implication dans leur travail.* (École 4 – E1)

Par contre, l'enseignant et ses pratiques pédagogiques étaient moins souvent questionnés. La conséquence de cette perspective, qu'on peut relier à la théorie des attributions (Gosling, 1992 ; Crahay, 1998), permet difficilement d'imaginer des pistes d'aménagement pour l'enfant lorsqu'il est amené à vivre un maintien. En effet, comment apporter des solutions à l'intérieur même de l'école si les causes se situent à l'extérieur de celle-ci ?

Seconde année de recherche

Méthodologie

À l'issue de la première année de recherche, l'équipe s'est orientée vers une méthodologie de recherche-action à visée collaborative. En effet, après avoir mis en évidence les représentations des différents acteurs, l'objectif principal était un travail approfondi sur les représentations et les conceptions de ceux-ci de façon à opérer un « changement de regard » (Fourez, 2009), l'adoption de nouvelles grilles d'interprétation de la réalité observée. Il fallait impérativement que les acteurs dépassent la posture réaliste naïve et la posture empirique positiviste énoncées par Bachelard (1940-2005) pour aboutir à une posture rationnelle concrétisée par la co-construction dynamique entre praticiens et chercheurs de significations à attribuer à différents concepts (maturité, autonomie, etc.), d'un cadre théorique commun susceptible d'engendrer ce « changement de regard ».

Pour ce faire, un nouveau corpus de recherche a été constitué. Celui-ci a été créé à partir de données quantitatives recueillies par l'équipe de l'Université de Liège. En effet, il s'agissait de disposer d'une liste des établissements qui pratiquaient le maintien d'élèves en troisième maternelle de façon importante. Au-delà de ce premier critère, le corpus de cette seconde année de recherche devait être constitué sur base volontaire. Ainsi, huit équipes – issues de six écoles différentes – ont accepté de participer à la recherche. Ces écoles se retrouvent dans le top quarante des écoles qui maintiennent le plus en maternelle sur 484 écoles recensées. Leur taux moyen de maintien entre 2005 et 2009 oscille entre 9 % et 31 %.

Design de la collaboration entre chercheurs et équipes éducatives

La collaboration s'est concrétisée à travers la création d'un « espace de réflexion partagée » (Tochon, 1996) sous forme de rencontres mensuelles entre un chercheur et une équipe éducative. Deux chercheurs ont ainsi encadré les 8 équipes éducatives en se les répartissant. À l'issue de chacune de ces rencontres, le chercheur a rédigé un rapport présentant les éléments abordés, discutés en concertation mais également les décisions prises en termes d'expérimentations ou de développement d'actions pédagogiques particulières. Le fonctionnement adopté était relativement souple et adaptatif dans le sens où rien n'était préprogrammé. Ainsi, le chercheur fonctionnait sans filet en s'adaptant aux observations et aux demandes des enseignants tout en conservant en tête l'objectif de travailler sur le changement de regard des acteurs sur l'élève, son développement, ses apprentissages.

Différentes étapes du travail collaboratif engagé entre chercheurs et équipes éducatives ont pu être dégagées.

Phase 1 : Partage des objectifs

Dans un premier temps, les équipes (chercheurs et enseignants) se sont apprivoisées. La thématique des rencontres a été établie : il s'agissait de réfléchir à la pratique du maintien en troisième maternelle en se centrant sur les difficultés rencontrées par les acteurs de terrain.

Phase 2 : Analyse des difficultés rencontrées

Les chercheurs ont orienté les débats autour d'une analyse des difficultés en termes de dépassements possibles. Cependant, dès les premières rencontres réalisées au sein des différents établissements, il est apparu qu'il serait beaucoup plus compliqué que prévu d'initier un « changement de regard » sur l'enfant, son développement, ses apprentissages. En effet, les représentations des différents acteurs (enseignants, directeurs, agents CPMS) étaient terriblement ancrées dans la posture cumulative des apprentissages mise en évidence lors de la première année de recherche. De plus, il était très compliqué de sortir de mises en cause « extérieures » à l'école pour justifier les difficultés des élèves. Toutefois, les rencontres avec les enseignants avaient permis aux chercheurs de prendre conscience du fait que le redoublement/maintien était une forme de réponse à l'hétérogénéité de la classe et à la difficulté de gérer cette hétérogénéité.

Face à ces différents constats, il apparaissait que les retombées tant pour la communauté de pratique que pour la communauté de recherche (Desgagné, Bednarz, Lebuis, Poirier et Couture, 2001) risquaient d'être minimes au regard du timing serré de la seconde année de recherche (encadrement des équipes de novembre à juin).

Par conséquent, un tournant méthodologique a été initié, basé sur la prise en considération du besoin réel des enseignants d'être outillés au niveau pédagogique pour gérer l'hétérogénéité des rythmes d'apprentissage. En effet, les enseignants sont confrontés au quotidien à cette hétérogénéité et ils manquent de cadres théoriques pour appuyer leurs observations et cibler leurs interventions pédagogiques. Ainsi, alors que les chercheurs pensaient initier le changement de regard pour impulser un changement de pratiques, il est apparu qu'aucun changement de regard ne pourrait avoir lieu sans changement de pratiques. Nous avons dès lors opté pour viser ce changement de pratiques qui peut-être aurait un effet sur le changement de regard. Vu que ce tournant méthodologique a été motivé à la fois par le besoin réel des enseignants d'être outillés ainsi que par le besoin des chercheurs, il nous a semblé que la recherche était bien collaborative.

Phase 3 : Tournant méthodologique et confrontation des enseignants avec des cadres de référence issus de recherches scientifiques

Vu l'externalisation, presque systématique, de l'imputation des causes du maintien en troisième maternelle de la part des enseignants, un objectif d'accompagnement assez innovant a été tenté. Il ne s'agissait pas de proposer des pistes de remédiation, un soutien particulier à des enfants en difficulté, des classes d'adaptation pour ces élèves, voire une nouvelle pédagogie différenciée à leur égard. L'accompagnement serait centré non pas sur l'élève « en difficulté », mais bien sur l'interaction élèves-enseignant. L'option a alors été prise de se centrer plutôt sur les pratiques quotidiennes de l'enseignant, les actions pédagogiques autour de l'apprentissage.

Au fil des rencontres, trois cadres d'observation et d'analyse de l'apprentissage de l'élève ont été présentés, afin de faire face à la difficulté de cerner et définir ce qui était considéré comme « manques » spécifiques de ces enfants ressentis comme étant « à risque de maintien ». Nous avons privilégié ces trois axes parce que ceux-ci sont les plus discriminants à l'école primaire et que les difficultés récurrentes par rapport à ceux-ci ont été étudiées en profondeur par de nombreuses recherches en sciences de l'éducation : l'entrée dans la compréhension du code de l'écrit (Morais, 1994 ; Ehri, 2002) ; la compréhension des récits parce le décodage seul ne permet pas d'assurer la compréhension en lecture (Cain et Oakhill, 1996 ; Trabasso et Magliano, 1996 ; Trabasso et Stein, 1997) ; et enfin l'entrée dans la compréhension du concept de nombre (Crahay, Verschaffel, De Corte et Grégoire, 2005).

Les trois cadres d'analyse considérés ont été :
1. Les travaux de Ferreiro (2000) quant à la conceptualisation du principe alphabétique du système d'écriture. Ce cadre permet, à travers l'analyse de travaux d'élèves autour de l'écriture inventée, de déterminer quelles sont les hypothèses privilégiées par l'enfant à propos du système d'écriture ;
2. Les travaux de Makdissi (2004) à propos de la compréhension et de la structuration du récit. Ce cadre permet de cerner différents niveaux de conceptualisation à propos de la structuration d'un récit ainsi que des relations causales internes au même récit ;
3. Les travaux de Brissiaud (2003 ; 2007) sur la conceptualisation du nombre. Ce rappel des différentes étapes qui jalonnent l'acquisition du concept de nombre a permis de mettre en évidence les caractéristiques de chaque stade afin de pouvoir déterminer où en est l'enfant et adapter l'intervention pédagogique en fonction.

Ces cadres ont été présentés, discutés, expérimentés dans les classes et partagés au sein des équipes. Les équipes ont abordé les cadres avec une temporalité propre : une équipe a pris une année entière autour d'un même cadre alors que d'autres équipes en ont exploité trois. Lors des rencontres entre chercheurs et équipes éducatives, les différentes expérimentations et les productions des élèves ont été analysées à la lumière des mêmes cadres conceptuels.

Peu à peu, les chercheurs se sont aperçus que s'opérait pour les enseignants un changement de regard sur l'enfant, son développement, ses apprentissages.

Phase 4 : Généralisation des acquis du groupe

Dès le tournant méthodologique amorcé, les chercheurs ont assisté à l'émergence de formes originales d'actions pédagogiques : chaque équipe, et même chaque enseignant s'est emparé des cadres d'analyse en fonction de sa propre personnalité, de ses préoccupations spécifiques, du contexte de l'école, etc.

Résultats de recherche

Les principaux résultats de cette recherche ont pu être mis en évidence d'une part, par le biais de l'observation réalisée par les chercheurs et relatée lors de la rédaction des rapports de rencontres, et d'autre part, par les réponses des membres des équipes éducatives à un questionnaire.

Le changement le plus visible est certainement le changement de posture : ces enseignants semblent s'être construit une nouvelle attitude d'enseignant-formateur à part entière. Ils ne s'arrêtent plus au repérage des élèves en difficulté mais utilisent l'observation pour comprendre le cheminement effectué par l'élève face à la tâche. Sur cette base, ils déterminent les actions pédagogiques à entreprendre. Grâce à ce sens nouveau de l'évaluation, une évaluation d'ordre diagnostique pédagogique, ils ont acquis une nouvelle expertise professionnelle et ont (re)trouvé un sens à leur action. Ils perçoivent aujourd'hui, à la fois, pourquoi et comment agir en classe. Les pratiques de classe sont devenues plus intentionnelles et ciblées sur les apprentissages visés :

> *Ma remise en question est de voir les apprentissages sur un plus long terme, trois ans au lieu d'une année. Chaque enfant peut avancer à son rythme et une plus grande individualisation – différenciation à la carte peut être faite tant pour les enfants plus lents que plus rapides. Chacun a enfin la possibilité d'avoir réellement ce dont il a besoin.* (P2)

> *[...] la satisfaction de pouvoir mieux cibler les besoins de chaque enfant et de pouvoir mettre cela en place rapidement grâce à la nouvelle structure (travail en cycle).* (P3)

> *[...] Les jeux et les pistes d'évaluations maths et français me permettent de voir où en est l'enfant. Je sais d'où je dois partir pour le faire avancer. Le fait de ne plus avoir l'impression de travailler à l'aveugle dans ces deux domaines est très confortable.* (M1)

Autre changement visible, la confiance retrouvée en leurs élèves : au départ, une relation de confiance s'est petit à petit installée entre les enseignants et les chercheurs. Le fait que des personnes extérieures à leur établissement s'intéressent à leurs difficultés, viennent vers eux en fonction de leurs propres disponibilités, acceptent de se prêter au jeu de l'intervention en classe, partagent des interrogations mais n'imposent rien d'autre que le débat d'idées, tout cela a permis l'instauration très progressive d'une relation de confiance réciproque. Les enseignants ont, du coup, pris conscience de leur possibilité d'innover et d'introduire des changements dans leurs pratiques de classe. Ils ont aussi « osé » des pratiques qui leur paraissaient, de prime abord, peu réalistes, forts de cette confiance partagée. Ils ont été étonnés des réactions très positives des enfants et, par conséquent, la confiance s'est élargie à leurs élèves. L'investissement qu'a pu représenter l'instauration de cette confiance s'est donc révélé très fructueux puisqu'il s'est répercuté sur les élèves.

> *Indiscutablement je parlerais plus de confiance acquise... Je pense qu'actuellement j'ai moins peur de pousser les enfants à dépasser une difficulté... Peut-être que inconsciemment je leur accorde un crédit de confiance supplémentaire.* (M5)

> *[...] le fait qu'il y ait un suivi et une discussion sans jugement m'a permis d'agir avec plus de confiance par rapport à l'investissement et les résultats obtenus des enfants.* (M4)

Ce même enseignant ajoute également que ce qui lui a donné envie de modifier ses pratiques c'est :

> *Probablement la curiosité de voir comment les enfants allaient répondre à une manière de faire différente.* (M4)

En ce qui concerne les maintiens, les différentes équipes ne sont pas sur un pied d'égalité vu la taille assez différente de leurs établissements respectifs. Le maintien ou la réorientation d'un seul enfant imputé à une population de vingt-quatre enfants de troisième maternelle ne donne évidemment pas le même pourcentage qu'un seul maintien parmi une population de soixante élèves de troisième maternelle. Par ailleurs, ce seul indicateur peut parfois camoufler des réalités différentes. Ainsi, certaines implantations sont dans des situations précaires en termes d'emploi du personnel. Quelques élèves en moins dans l'effectif global peuvent entraîner la suppression d'un temps partiel, voire d'un temps plein.

Néanmoins, et même si le raisonnement en termes de pourcentage n'est pas pertinent dans une recherche de ce type, on peut observer une réelle évolution :

Tableau VII : Évolution du maintien

Écoles	% moyen de maintien 2005-2009	% maintien 2010-2011
1	9 %	1,60 %
2	17 %	4 %
3	12 % et 17 % (selon l'implantation)	0 %
4	17 %	0 %
5	13 %	0 %
6	31 %	45 %

Enfin, nous avons pu observer de nouvelles pratiques de classes comme la lecture interactive, la dictée à l'adulte et l'écriture inventée, la pratique de jeux de société ciblés sur les apprentissages.

Discussion – conclusion

Face à ces résultats, la question qui s'impose est celle de la nature du (des) « levier(s) » de cette évolution : qu'est-ce qui a provoqué ces changements ? Qu'est-ce qui a enclenché ce processus ?

Les principes mêmes de la recherche collaborative avec l'objectif d'interactions mutuelles en vue de questionner une pratique semblent porteurs, non seulement, d'une réflexion partagée mais également d'une mise en activité. La confiance réciproque basée entre autres sur une relation égalitaire semble également avoir joué un rôle non négligeable. Les enseignants se sont sentis acteurs-responsables de leur classe et, équipés des quelques cadres d'analyse partagés, ils ont imaginé et testé des pratiques nouvelles. L'hypothèse est donc que le cadre et les principes mêmes de la recherche collaborative ont permis d'induire la démarche réflexive propre à la recherche scientifique auprès des enseignants volontaires.

Cette recherche a également permis de constater que les « discours » ne permettaient pas d'enclencher le changement de regard, ni les modifications de pratiques escomptées. En effet, tant que les chercheurs se sont limités à présenter des résultats de recherche quant à l'inefficacité pédagogique du redoublement, à discuter des représentations de l'enfant et de son développement, à proposer des interprétations des comportements de certains enfants, etc., ils avaient l'impression de tourner en rond : la source des difficultés était toujours externe, aucune remise en question de l'action pédagogique n'était amorcée. Ce n'est que lorsqu'ils ont présenté les cadres d'analyse traduits, expérimentés et discutés ensemble avec les enseignants, qu'un début de changement a été initié. Cette observation tend à différencier deux ordres de pratiques différentes des enseignants. Il y aurait d'une part, les « pratiques premières », contingentes, tellement automatisées qu'elles ne donnent plus vraiment lieu à réflexions et questionnements et, d'autre part, les « pratiques secondes », davantage reconnues socialement comme les pratiques d'évaluation et de maintien. Ce n'est que lorsque les chercheurs ont touché les pratiques premières que le changement s'est initié, que les représentations se sont peu à peu modifiées. Si on reprend l'assertion d'Abric (2001, p. 230) : « les représentations et les pratiques s'engendrent mutuellement », les chercheurs sont donc tentés de faire le constat que, dans le cadre restreint de cette expérimentation, la recherche n'a pas pu engendrer de modifications dans les pratiques de maintien ou les représentations tant que les chercheurs se sont limités aux pratiques secondes des enseignants. Ce n'est qu'en se concentrant sur les pratiques premières des enseignants de notre corpus que nous avons pu voir les changements émerger.

Par contre, l'introduction des cadres d'analyse, discutés, expérimentés et opérationnalisés par chacun des acteurs s'est révélée être un levier de transformation : ils ont permis d'envisager la fonction « diagnostique pour l'action » de l'évaluation.

L'école maternelle et les institutrices maternelles en particulier, répugnent d'ordinaire à pratiquer l'évaluation des élèves voulant, à raison, les préserver d'un jugement assorti assez rapidement d'un classement totalement prématuré et insensé. Si cette crainte est légitime, les cadres d'analyse ont permis de faire naître l'idée d'une autre forme d'évaluation : le médecin qui ausculte son patient et lui prescrit des examens ne pratique-t-il pas également une évaluation ? L'architecte qui arpente une maison et prend tout un panel de mesures n'évalue-t-il pas ? En effet, l'évaluation est bien le recueil d'informations diverses à examiner en fonction d'une action à entreprendre.

Trop souvent, dans le monde scolaire, l'évaluation est comprise uniquement comme un jugement, sans appel, de la personne même de l'élève. Que penserait-on d'un médecin qui se contenterait de vous annoncer que votre tension, tout comme votre taux de cholestérol, sont trop élevés par rapport à la norme et que cela ne vous permettra pas de vivre dans les meilleures conditions au sein de la société ? Comment réagirait-on face à un architecte qui se contenterait d'acter que votre maison n'est pas salubre car les caves sont très humides et que le toit n'est pas en très bon état ?

Toute évaluation est toujours sous-tendue par un objectif. Il nous semble évident qu'une évaluation certificative/sommative n'a pas lieu d'être à l'école maternelle. Aucune connaissance et/ou compétence ne sont à certifier à cet âge (quels seraient ces apprentissages, quand auraient-ils été construits et par qui ?) De plus, une telle certification a pour fonction soit de préparer l'entrée sur le marché du travail, soit de préparer l'orientation.

Or, jusqu'à ce jour, bien heureusement, l'orientation et les filières ne sont pas à l'horizon des maternelles. Une évaluation normative/critériée a pour fonction de classer les individus et de mesurer un écart avec une norme. Dans cette acception également, l'intérêt de l'évaluation ne nous semble absolument pas pertinent : quel serait l'avantage d'introduire les enfants de cet âge dans une logique de classement, voire de compétition ? Quelle norme serait pertinente ? La fonction formative de l'évaluation ne semble pas pertinente non plus tant il semble que, trop souvent, le poids de la réponse à apporter à une telle évaluation incombe à l'élève seul. Comment un enfant de quatre à cinq ans peut-il prendre à sa charge ce genre d'information ? Quant à ses parents, ce n'est pas leur rôle en priorité.

Il reste cependant la fonction diagnostique de l'évaluation. Là encore, il s'agit d'être prudent et précis : l'objectif de l'évaluation diagnostique n'est absolument pas de repérer les élèves en difficulté, encore moins de les montrer du doigt comme étant les élèves qui risquent d'échouer dans leur carrière d'élève qui n'a même pas encore véritablement commencé. L'évaluation diagnostique a pour fonction de repérer les difficultés éprouvées afin de s'inscrire dans une démarche permettant d'apporter des réponses.

Pour pouvoir apporter des réponses adéquates, encore faut-il avoir un questionnement précis pour, d'une part, orienter adéquatement le recueil d'informations (il s'agit d'obtenir des informations pertinentes et valides en fonction de l'objectif) et pour, d'autre part, diriger l'interaction-réponse en fonction de l'élève. La démarche d'enseignement-apprentissage de l'enseignant, tout comme la démarche du médecin ou de l'architecte dans notre exemple, sont des transactions humaines. Cela signifie que l'action à entreprendre se négocie entre les différents intervenants : le médecin ne proposera pas exactement le même plan thérapeutique si le patient a quinze ou quatre-vingt-cinq ans, vit dans un squat ou dans une villa... même si les données médicales sont identiques ; de même, l'architecte ne proposera pas les mêmes projets et travaux en fonction du budget, mais aussi du type de famille et des habitudes de vie des clients.

Au cours de la recherche, la fonction « diagnostique pour l'action pédagogique » de l'évaluation s'est imposée : il s'agit donc de recueillir un ensemble d'informations suffisamment pertinentes et valides, de les examiner en fonction de l'objectif et ensuite d'organiser l'action pédagogique en fonction des individus. Si cette action s'adapte à l'individu, cela ne veut absolument pas dire qu'elle s'y ajuste, que l'on se montrera moins exigeant avec l'élève ou qu'on lui proposera une autre action. Cela signifie que l'action sera adaptée de façon à respecter l'individu, c'est-à-dire, en s'adressant à lui dans « son langage », en ancrant l'action dans la réalité de l'individu, en respectant cette réalité. Si le plan thérapeutique du médecin exige d'augmenter la part de légumes dans la ration alimentaire de son patient, le médecin insistera sur les plats à privilégier dans les cartes de restaurant pour un patient cadre d'entreprise ou informera sur la possibilité de recueillir les invendus à la fin des marchés pour le SDF... Il ne s'agit pas de changer l'individu, ni de changer son mode de vie mais bien d'adapter les modalités de l'action avec respect.

La recherche collaborative a ainsi permis de construire une fin légitime à l'action évaluative à l'école maternelle, la visée « diagnostique pour l'action » et de la centrer sur trois priorités : l'entrée dans la compréhension du code de l'écrit, dans la compréhension de récits ainsi que dans le concept de nombre.

Dans le cadre de la continuité des apprentissages, n'est-il pas opportun de susciter une pratique d'évaluation qui ne juge pas l'élève en plein développement, mais permette d'orienter l'action enseignante ?

QUATRIÈME PARTIE

ITALIE

CHAPITRE VIII

L'évolution de l'évaluation des élèves de l'école maternelle en Italie

Paolo CALIDONI

L'école maternelle italienne actuelle[1] s'est développée à partir de racines et d'expériences pédagogiquement solides et différentes[2], qui ont trouvé une synthèse importante, reconnue et durable dans les *Orientamenti* (les « Orientations ») de 1991

---

[1] L'école maternelle accueille des enfants entre trois et six ans, elle fait partie du système d'instruction, elle n'est pas obligatoire, mais elle est fréquentée par 95 % environ des enfants. La large diffusion des écoles maternelles est le fruit de l'intégration des écoles d'état et des écoles primaires offrant un service public, auquel s'ajoutent même les écoles privées.
Avec la réforme Gentile de 1923 et le Texte unique de 1928, première réglementation des écoles maternelles dans le cadre de l'enseignement public, apparaît la dénomination d'« écoles du degré préparatoire à l'enseignement primaire ». L'État prend la responsabilité complète de l'éducation préscolaire à partir de la Loi 444 de 1968, en reconnaissant même la fonction jouée par les institutions qui ne sont pas de l'état. La loi n° 53 de 2003 a inséré à plein titre l'éducation pré-primaire dans le système d'enseignement avec la dénomination d'école maternelle.

[2] Dans les sillons des premières crèches, fondées par le curé Ferrante Aporti en 1829, le modèle éducatif de l'« école maternelle » des sœurs Rosa et Carolina Agazzi s'est développé. Ce système a longuement inspiré les institutions avec une orientation catholique. Une expérience fondamentale, évidemment, a été celle de Maria Montessori qui, en 1907, a ouvert à Rome la « maison des enfants », à partir de laquelle s'est développée – surtout à l'étranger – la méthode éducative qui porte son nom encore aujourd'hui. Signalons également, après la Deuxième Guerre mondiale, l'expérience des écoles maternelles et des crèches communales de Reggio Emilia dirigées par Loris Malaguzzi, qui a construit l'approche et la méthode éducative « ReggioChildren », connue au niveau international.

qui constituent le point de repère des innovations suivantes du système scolaire pour l'enfance.

C'est pourquoi, afin de définir un cadre de référence des tendances de l'évaluation des élèves, nous allons examiner les prescriptions officielles principales qui se sont succédé jusqu'à ce jour, pour mettre en évidence les éléments de continuité et de transformation qui méritent attention et réflexion critique.

Orientamenti de 1991, continuité éducative et dossier de l'élève

Les *Orientamenti* de l'activité pédagogique dans les écoles maternelles de l'état (approuvées par le Décret ministériel du 3 juin 1991 et parues au Journal officiel de la République italienne n° 139 – Série générale – du 15 juin 1991) ont été le fruit d'un travail de plusieurs années, coordonné par le Professeur Cesare Scurati[3], avec une large consultation des enseignants sur les propositions élaborées par la commission chargée de la révision des précédentes orientations de 1969. Elles ont été élaborées suite à la Loi 444/68 ayant institué les écoles maternelles d'État, qui avait entraîné une large diffusion de ce service pédagogique et amené 88,4 % des enfants à fréquenter l'école maternelle.

Après « une analyse de la condition de l'enfance dans la culture et la société contemporaine »[4], avec une attention spécifique aux théories du développement de l'enfant, les *Orientamenti 1991* proposent une « perspective pédagogique écologique » basée sur la coopération entre la famille, l'école et

---

[3] 1937-2011. Enseignant, directeur didactique et enfin professeur ordinaire de pédagogie à l'Université Catholique de Milan. Directeur pour une longue période des revues professionnelles *Scuola Materna* et *Dirigenti Scuola* (fondée par lui-même) et auteur de nombreuses monographies, il a été coordinateur de la Commission ministérielle chargée des *Orientamenti* émises en 1991.

[4] Sauf indication différente, les parties entre guillemets sont tirées du document officiel indiqué dans le texte.

le parascolaire, et dessinent « l'identité, les fonctions et les devoirs » de l'école première. Construction de l'identité, conquête de l'estime de soi, développement de compétences sont les finalités que l'école maternelle, « en continuité et en complémentarité avec les expériences que l'enfant fait dans son cadre de vie », poursuit avec des programmes d'études articulés par « champs d'expérience pédagogique ».

Qu'est-ce que l'on entend par « champ d'expérience » ? « Avec ce terme on indique les différents domaines du faire et de l'agir de l'enfant, et donc les secteurs spécifiques et identifiables de compétence dans lesquels l'enfant donne des significations à ses multiples activités, développe son apprentissage, en acquérant même les instruments linguistiques et les compétences procédurales […] ». Les champs d'expérience pédagogique sont les suivants : le corps et le mouvement ; les discours et les mots ; l'espace, l'ordre, la mesure ; les choses, le temps et la nature ; messages, formes, média ; le Soi et l'Autre.

« Chaque champ d'expérience présente ses effets éducatifs particuliers, des parcours méthodologiques propres et des indicateurs possibles d'évaluation, et comporte une pluralité de sollicitations et d'opportunités » qui, dans le texte normatif, sont présentés d'une manière narrative sans définir des « listes précises d'indicateurs ». Le thème de l'évaluation revient dans les « grandes lignes de méthode » qui identifient les aspects essentiels de l'école maternelle : la valorisation du jeu ; l'exploration et la recherche ; les relations ; la médiation pédagogique ; l'observation, le projet, l'évaluation ; la documentation. Associée à l'observation et à la documentation, et fonctionnelle au projet, l'évaluation des niveaux de développement prévoit :

- un moment initial, visant à définir un cadre des capacités de l'enfant au moment de l'accès à l'école maternelle ;
- des moments propres aux différentes séquences didactiques, permettant d'ajuster et d'individualiser

les propositions éducatives et les parcours d'apprentissage ;
- des bilans à la fin, pour la vérification des résultats, de la qualité de l'activité éducative et didactique et du sens global de l'expérience scolaire.[5]

En bref, à l'école maternelle, selon les *Orientamenti 1991*, l'évaluation a un caractère d'interprétation plus que de mesure et de jugement avec un classement des niveaux d'apprentissage. L'instrument principal est donc l'observation des enfants, occasionnelle et systématique, afin de saisir et évaluer les besoins des élèves pour rééquilibrer les propositions pédagogiques et communiquer avec les familles. La tâche de l'école maternelle est, en effet, d'identifier les démarches à promouvoir, soutenir et renforcer, pour permettre à chaque élève de donner le maximum de ses propres capacités. La documentation permet de produire des traces, mémoires et réflexions chez les adultes et chez les enfants : elle rend visibles les modalités et les parcours de formation, et permet d'apprécier les progressions de l'apprentissage individuel et de la classe. Donc, il n'y a aucune prescription concernant les moments, modèles ou instruments pour l'évaluation des élèves.

L'adoption des *Orientamenti 1991* a été suivie d'indications officielles sur la « continuité éducative » qui étaient déjà présentes dans les *Orientamenti* elles-mêmes (IIe partie, 4) et dans les programmes pour l'école primaire (D.P.R., 12 février

---

[5] Des expressions analogues se retrouvent dans la présentation actuelle officielle du système scolaire italien où on peut lire :
Assessment of the levels attained includes the following :
- *an initial period aimed at outlining the abilities possessed when entering pre-primary education ;*
- *time within teaching activities aimed at adjusting and individualising the educational and learning process ;*
- *final period aimed at verifying learning outcomes, the quality of the educational and teaching activity and the entire educational experience.*
(MIUR/INDIRE, 2014, p. 20).

1985, n° 104, Préambule général, Ire partie)⁶. Étant donné que les écoles maternelles d'État faisaient partie des Établissements scolaires englobant même l'école primaire (Directions didactiques⁷) – sous la direction d'un Proviseur unique – ces indications ont eu un impact fort, même sur l'école maternelle.

On lit dans la circulaire de transmission que le Décret ministériel :

> [...] rend [...] concrètement opérationnel dans les écoles maternelles, primaires et collèges de tout le territoire national un principe, déjà positivement réalisé dans différentes situations, dont la réalisation généralisée semble essentielle pour les finalités de la formation de base. [...] Continuité de l'éducation ne veut dire [...] ni uniformité, ni absence de changement ; elle consiste plutôt dans la considération du parcours de formation selon une logique de développement cohérente, valorisant les compétences déjà acquises par l'élève. [...] À l'école maternelle, le premier degré du système scolaire, on réalise le droit de l'enfance à une formation intégrale via une maturation équilibrée et une organisation des composantes cognitives, affectives, sociales et morales de la personnalité. [...] À la première « histoire » scolaire de l'enfant on relie l'école primaire comme lieu de l'alphabétisation culturelle et de l'éducation à la vie démocratique.

Pour promouvoir une continuité, des « actions positives » sont prévues et indiquées. Ces actions concernent, en particulier, la coordination des programmes et la connaissance du parcours de formation de l'élève :

> Pour la continuité, la connaissance-documentation adéquate du parcours de formation de l'élève a une signification stratégique... par l'explicitation des points de départ, des interventions effectuées et des points d'arrivée du parcours. [...] Pour ce faire [...] le décret crée le dossier personnel de

---

6   Elles ont trouvé une adoption normative dans le Décret ministériel du 16 novembre 1992, qui applique l'art. 2 de la Loi 5 juin 1990, n° 148 de réforme de l'école maternelle.
7   Maintenant ils comprennent même l'école secondaire de premier degré et ils sont nommés « Instituts compréhensifs ».

l'élève [...], dont les formes concrètes seront définies dans le cadre des plans d'intervention finalisés à promouvoir la continuité. Il se compose d'un « dossier » avec les données administratives, les documents d'évaluation, la documentation spécifique pour les élèves handicapés (diagnostic fonctionnel, projet éducatif personnalisé), ainsi que tout autre élément significatif de connaissance de l'élève, de documentation de son expérience scolaire, acquis même en collaboration avec la famille. Le dossier est un recueil ordonné et rationnel d'informations, accompagné par une synthèse globale élaborée collectivement à la fin de chaque degré scolaire, utile pour une plus grande connaissance de tous les élèves et en particulier de ceux se trouvant dans une situation de désavantage, ayant suivi des parcours formatifs particuliers, comme par exemple des élèves étrangers extracommunautaires et migrants. [...] En effet, la connaissance de l'« histoire » de l'élève dans le degré scolaire précédent est essentielle pour prendre en compte les niveaux de compétence atteints, les relations sociales déjà construites, les facteurs socioculturels en arrière-plan [qui] aident les opérateurs des différents ordres scolaires à organiser une planification des programmes d'études qui n'annulent pas les expériences déjà accomplies et les compétences acquises par les élèves, mais qui valorisent tous les acquis, même dans leur variabilité intra et interindividuelle.

Dans chaque établissement scolaire, selon ce qui est prévu par le Décret ministériel en examen, des « groupes de travail unitaire pour la continuité » ont été institués, en particulier pour définir les formes et les modalités « locales » de construction du dossier de l'élève.

Mais après les premières tentatives, et mises à part certaines expériences significatives, dans la réalité une interprétation plutôt administrative-bureaucratique du dossier personnel a primé, ce qui a donné lieu à l'élaboration de formulaires pré-imprimés, élaborés et mis à disposition par les fournisseurs de papeterie pour les écoles. Par ailleurs, on observe aussi des pratiques d'échanges informels d'informations et visites entre l'école maternelle et primaire, le développement de projets didactiques communs et la construction de « valises » contenant la documentation de moments significatifs de l'« histoire » formative de l'enfant qu'il porte (ou portait) avec lui au moment du passage à l'école primaire.

Pour conclure, dans la phase de « fondation » de l'école maternelle actuelle, les indications officielles ont accompagné une conception formative et professionnelle de l'évaluation du parcours d'éducation de l'élève avec la prévision d'instruments destinés à le documenter formellement. Dans les pratiques professionnelles, par contre, ce sont les modalités de type informel de connaissance des élèves et de passage d'informations aux parents et aux collègues des différents ordres scolaires qui ont primé.

Le « faire et défaire » des indications ministérielles des années 2000

Suite à sa prévision dans la Loi Cadre en matière de Réorganisation des cycles de l'instruction[8], l'insertion à plein titre de l'éducation pré-primaire dans le système d'instruction, avec la dénomination d'école maternelle, a eu lieu avec la loi n° 53 de 2003 (Moratti). Cette loi a conduit à l'élaboration des *Indicazioni Nazionali* (Indications nationales) *pour les Plans personnalisés des activités éducatives dans les écoles maternelles*[9] qui « explicitent les niveaux essentiels de prestations auxquelles toutes les écoles maternelles du Système national d'Instruction sont tenues, pour garantir le droit personnel, social et civil à l'instruction et à la formation de qualité ».

Comme le montre la citation ci-dessus, le niveau normatif des *Indicazioni* pour les écoles et pour les enseignants est, au moins dans les idées du législateur, plus fort par rapport à celui

---

[8] Loi 30/2000 - Berlinguer, avec la relative commission de « 200 sages » ayant présenté une proposition de « programmes d'études de l'école de base ».
[9] Décret législatif n° 59 du 19 février 2004 – annexe A – Journal officiel n° 51 du 2 mars 2004 – Supplément ordinaire n° 31.

des *Orientamenti*. En effet, même en gardant l'articulation du programme par « champs d'expérience » (redéfinis comme suit : Le Soi et l'Autre ; corps, mouvement, santé ; utilisation et production de messages ; explorer, connaître et faire des projets) le document indique pour chacun une liste d'« objectifs spécifiques d'apprentissage ». À titre d'exemple, nous reproduisons intégralement, ci-après, ceux du champ d'expérience « Utilisation et production de messages » :

1. Parler, décrire, raconter, dialoguer, avec les adultes et avec les enfants du même âge, en laissant transparaître la confiance dans ses propres capacités d'expression et de communication et en échangeant des questions, des informations, des impressions, des jugements et des sentiments.
2. Écouter, comprendre et ré-exprimer des récits lus ou improvisés de contes, fables, histoires, récits et comptes rendus.
3. Reconnaître des textes de la littérature enfantine, lus par des adultes ou vus avec les médias (de l'ordinateur à la télé) et motiver les goûts et les préférences.
4. Trouver, sur soi-même et pour les autres, les caractéristiques qui différencient les actes de l'écoute et du langage, de la lecture et de l'écriture, en distinguant entre le signe du mot, de l'image, du dessin et de l'écriture, entre le signifiant et le signifié.
5. Élaborer des conjectures et des codes personnels par rapport à la langue écrite.
6. Dessiner, peindre, modeler, donner forme et couleur à l'expérience, individuellement et en groupe, avec une variété créative d'instruments et matériaux, « laissant trace » de soi.
7. Utiliser le corps et la voix pour imiter, reproduire, inventer des sons, des bruits, même d'une manière coordonnée avec le groupe.
8. Rencontrer différentes expressions d'art visuel et plastique présentes sur le territoire pour découvrir celles

qui correspondent à ses propres goûts et permettant une expression de son propre monde plus créative et satisfaisante.
9. Expérimenter différentes formes d'expression artistique du monde intérieur et extérieur avec l'utilisation d'une grande variété d'instruments et matériaux, même multimédia (audiovisuels, TV, cd-rom, ordinateurs) pour des productions individuelles et collectives.

Nous nous abstenons de tout commentaire sur le contenu des objectifs, car notre analyse est ici focalisée sur l'évaluation. Nous allons nous limiter à souligner que les *Indicazioni* fournissent une liste de contrôle très détaillée sur les performances des élèves que les enseignants et les écoles « doivent garantir ».

La directive citée impose même le *Portfolio (ou dossier) des compétences individuelles*, dont les caractéristiques sont définies dans la Circulaire ministérielle n° 84 du 5 décembre 2005. À cet égard les *Indicazioni* de 2004 développent même certaines considérations sur l'évaluation des élèves :

> À l'École Maternelle, l'observation occasionnelle et systématique des enfants et la documentation de leur activité permettent de saisir et d'évaluer leurs besoins, de rééquilibrer petit à petit les propositions éducatives sur la base de la qualité de leurs réponses et de le partager avec les familles. L'observation visant à la compréhension et à l'interprétation des comportements contextualisés et analysés dans leurs significations. Les niveaux atteints par chacun, au-delà de tout classement, sont décrits plus que mesurés, compris plus que jugés.
>
> Dans cette optique, l'École Maternelle accompagne chaque enfant avec un *Portfolio (ou dossier) spécifique des compétences* à développer graduellement et qui comprend :
> 1. une description essentielle des parcours spécifiques et des progrès de l'enfant ;
> 2. une documentation régulière, quoique significative, de produits offrant des orientations pédagogiques fondées sur les ressources, les modes, les temps de

l'apprentissage, les intérêts, les aptitudes et les aspirations personnelles des enfants.

Le *Portfolio des compétences individuelles* est rédigé et mis à jour par les enseignants de section ; ces derniers recouvrent aussi la fonction de tuteur et accompagnent le développement personnel des élèves pour toute la durée de l'École Maternelle. [...]

Le Portfolio a une valeur particulière dans la dernière année de l'École maternelle [quand il constitue] l'occasion documentée afin que le tuteur puisse donner aux parents tous les éléments pour une meilleure connaissance des rythmes et des résultats de maturité de l'enfant.

Ces *Indicazioni* prescriptives sont accompagnées par les *Raccomandazioni orientative* (Recommandations d'Orientation), qui reprennent la structure des *Orientamenti* en les réinterprétant davantage dans une perspective de « maturité » et, en même temps, d'accompagnement et documentation forte de la part de l'enseignant *tutor*. La documentation a pour but de vérifier le développement des compétences et l'atteinte des objectifs de la part des élèves, en vue de la communication aux familles et aux enseignants lors du passage à l'école primaire.

En bref, même en demeurant une démarche qui exclut le « classement » des résultats obtenus par chaque élève, l'explicitation des objectifs d'apprentissage dans les *Indicazioni* de 2004 est structurée comme une liste de validation. Les enseignants sont tenus de remplir et mettre à jour le *Portfolio des compétences individuelles* pour chaque élève, comme à l'école primaire.

Mais la durée de vie du *Portfolio* et des *Indicazioni* pour les plans d'études personnalisés a été courte. Déjà au printemps 2006, le ministre Fioroni ne met pas en application les normes sur l'enseignant *tutor* et sur l'obligation de la rédaction du *Portfolio*. Du Décret ministériel du 31 juillet 2007, émane des nouvelles *Indicazioni pour l'École maternelle et pour le premier cycle d'instruction*, qui reprennent fortement les *Orientamenti* de 1991.

Or, même ces *Indicazioni* survivent durant une courte période. Depuis 2008 – avec la loi 169 du ministre Gelmini –, on assiste à la réintroduction de l'attribution de « notes » numériques pour l'évaluation des élèves (trente et un ans après la Loi 517/77 qui les avait éliminées), et ceci depuis la première classe primaire. En 2009, démarre un processus visant à harmoniser les *Indicazioni* Moratti avec les *Indicazioni* Fioroni.

Ce processus est complété en 2012 par l'émanation (de la part du ministre Profumo du Gouvernement Technique Monti) des dernières *Indicazioni Nazionali*, actuellement en vigueur. Ces normes ne devraient pas faire l'objet d'une révision ultérieure, malgré la récente Loi 107/2015 (« La Bonne École » du Premier ministre Renzi) qui, à l'article 1 alinéa 181 point e, prévoit que le Gouvernement, avant mars 2017, institue :

> […] le système intégré d'éducation et d'enseignement depuis la naissance jusqu'à six ans, constitué par les services éducatifs de la petite enfance et par les écoles maternelles […] à travers :
>
> 1) la définition de niveaux essentiels des prestations de l'école maternelle et des services d'éducation pour les enfants […] en prévoyant : […]
>
> 1.3) les standards structurels, d'organisation et de qualité des services éducatifs pour les enfants et de l'école maternelle, [ainsi que] la référence aux *Indicazioni Nazionali* pour le programme d'étude de l'école maternelle et du premier cycle d'instruction, adoptée avec le règlement du décret du ministre de l'Instruction, de l'université et de la recherche du 16 novembre 2012, n° 254 publié au J.O. n° 30 du 5 février 2013.

En conclusion, durant ces vingt-cinq dernières années les enseignants de l'école maternelle ont été touchés par une succession turbulente et conflictuelle de consultations, prescriptions, révisions des directives, par un *stop-and-go* continu : un tourbillon qui aurait désorienté quiconque et qui a généré une fragmentation et une diversification très importante des pratiques professionnelles.

Nous allons maintenant nous concentrer sur les dernières *Indicazioni*, actuellement en vigueur, en espérant qu'elles aient un statut moins précaire et puissent rester une référence plus longtemps.

Indicazioni pour le programme d'études de l'école maternelle et du premier cycle d'instruction 2012

Déjà d'après le titre, l'importance du critère de la continuité et du caractère unitaire du programme d'études qui inspire les *Indicazioni 2012* est évidente. On peut lire notamment que :

> L'itinéraire de l'école de trois à quatorze ans, même en touchant trois typologies d'écoles caractérisées chacune par une identité éducative et professionnelle spécifique, est progressif et continu […] Dans les années de maternelle, l'école accueille, promeut et enrichit l'expérience vécue par les enfants dans une perspective évolutive, les activités éducatives offrent des occasions de croissance dans un contexte éducatif orienté vers le bien-être, vers les questions de sens et vers le développement graduel de compétences se référant aux différents âges, de trois à six ans.

Par conséquent :

> À la fin de l'école maternelle, de l'école primaire et de l'école secondaire de premier degré, <u>les objectifs pour le développement des compétences, relatifs aux champs d'expérience</u> et aux disciplines sont fixés. Ils représentent des références incontournables pour les enseignants, indiquent des pistes culturelles et didactiques à parcourir, et aident à diriger l'action éducative vers le développement intégral de l'élève. [souligné par l'auteur]

Et même en ce qui concerne l'évaluation, les *Indicazioni 2012* tracent des lignes communes à l'école maternelle, primaire et secondaire de premier degré :

> La responsabilité de l'évaluation et le soin de la documentation, ainsi que le choix des instruments, dans le cadre des critères établis par les organes collégiaux appartiennent aux enseignants. Les vérifications intermédiaires et les évaluations périodiques et finales doivent être cohérentes avec les objectifs et les buts prévus par les *Indicazioni* et déclinés dans le

programme d'études. L'évaluation précède, accompagne et suit les programmes d'études, active les actions à entreprendre, régule les actions en cours, encourage le bilan critique sur les actions portées à terme. Elle adopte une fonction formative prépondérante, d'accompagnement des démarches d'apprentissage et d'incitation à l'amélioration continue. Il faut assurer aux élèves et aux familles une information rapide et transparente sur les critères et sur les résultats des évaluations effectuées au cours des différents moments du parcours scolaire, en promouvant avec constance la participation et la co-responsabilité éducative, dans la distinction des rôles et fonctions respectifs.

La certification formalisée des compétences est prévue seulement à la fin de l'école primaire et à la fin de l'école secondaire de premier degré, avec les modèles adoptés au niveau national[10], qui vont de pair avec le « document d'évaluation » (bulletin), avec les notes numériques (sur dix) pour chaque discipline d'enseignement et un jugement avec une description de synthèse du « relevé des progrès d'apprentissage et du développement personnel et social de l'élève », depuis le début du primaire.

Cependant, même l'école maternelle est appelée (quoiqu'indirectement) à contribuer à cette nouvelle perspective. En effet, dans les *Indicazioni 2012*, on peut lire que :

---

[10] Voir la Circulaire ministérielle n° 3 du 13 février 2015. Par exemple, en ce qui concerne l'école primaire, pour la certification de chacune des douze compétences, quatre niveaux sont indiqués (ou peuvent être indiqués) : A - *Avanzato* (l'élève fait ses devoirs et résout des problèmes complexes, en démontrant une maîtrise dans l'utilisation des connaissances et des habilités ; il/elle propose et soutient ses opinions et il/elle assume d'une manière responsable des décisions conscientes) ; B - *Intermedio* (l'élève fait ses devoirs et résout des problèmes dans des situations nouvelles, il accomplit des choix conscients, en démontrant d'être capable d'utiliser les connaissances et les habilités acquises) ; C - *Base* (l'élève fait des devoirs simples même dans des situations nouvelles, en démontrant des connaissances et habilités fondamentales et de savoir appliquer les règles de base et les procédures apprises) ; D - *Iniziale* (l'élève, s'il/elle est guidé(e) d'une manière opportune, fait des devoirs simples dans des situations connues).

Le plan d'études définit les compétences qui doivent être acquises par l'élève à la fin du premier cycle. Ce sont ces compétences, essentielles pour la croissance personnelle et pour la participation sociale, qui feront l'objet de la certification sur la base d'objectifs fixés au niveau national […] Seulement après une observation, documentation et évaluation régulières des compétences, leur certification est possible.

Par ailleurs, pour chaque « champ d'expérience », les *Indicazioni 2012* fournissent une liste de « résultats attendus pour le développement de la compétence » à la fin de l'école maternelle, bien mise en évidence dans l'encadré ci-dessous. Par exemple, pour le champ d'expérience « Les discours et les mots », les résultats attendus sont les suivants :

Tableau VIII : Résultats attendus pour le développement de la compétence

---

L'enfant utilise la langue italienne, enrichit et précise son vocabulaire, comprend des mots et des discours, fait des hypothèses sur les significations.

Il sait exprimer et communiquer aux autres des émotions, sentiments, argumentations avec le langage verbal qu'il utilise dans différentes situations communicatives.

Il expérimente des rimes, des comptines, des dramatisations ; il invente de nouveaux mots, il cherche des ressemblances et des analogies entre les sons et les significations.

Il écoute et comprend des narrations, il raconte et invente des histoires, il demande et propose des explications, il utilise le langage pour prévoir des activités et pour en définir des règles.

Il réfléchit sur la langue, il découvre la présence de langues différentes, il reconnaît et expérimente la pluralité des langages, il se mesure à la créativité et la fantaisie.

Il s'initie à la langue écrite, il explore et expérimente les premières formes de communication à travers l'écriture, en rencontrant aussi les technologies numériques et les nouveaux médias.

Une attention spécifique est dédiée au passage de l'école maternelle à l'école primaire car, on lit : « À la fin du parcours de trois ans à l'école maternelle, il est raisonnable de s'attendre à ce que chaque enfant ait développé certaines compétences de base qui structurent son développement personnel. » Ces compétences sont définies comme suit :

> Il reconnaît et exprime ses émotions, il est conscient de ses désirs et de ses peurs, il ressent ses états d'âme et ceux d'autrui.
>
> Il a un rapport positif avec son corps, il a développé une confiance suffisante en soi, il est progressivement conscient de ses ressources et de ses limites, il sait demander de l'aide quand c'est nécessaire.
>
> Il manifeste de la curiosité et l'envie d'expérimenter, il interagit avec les choses, l'environnement et les personnes, il en perçoit les réactions et les changements.
>
> Il partage expériences et jeux, il utilise des matériaux et ressources communes, il affronte progressivement les conflits et il a commencé à reconnaître les règles du comportement dans des contextes privés et publics.
>
> Il a développé l'aptitude à poser et à se poser des questions sensées sur des questions éthiques et morales.
>
> Il recueille différents points de vue, il réfléchit et négocie des significations, il utilise les erreurs comme source de connaissance.
>
> Il sait raconter, narrer, décrire des situations et expériences vécues, il communique et s'exprime avec une pluralité de langages, il utilise de manière toujours plus appropriée la langue italienne.
>
> Il fait preuve des premières habiletés de type logique, il commence à intérioriser les coordonnées espace-temps et à s'orienter dans le monde des symboles, des représentations, des médias, des technologies.
>
> Il remarque les caractéristiques principales d'événements, objets, situations, il formule des hypothèses, il recherche des solutions à des situations problématiques de la vie quotidienne.

Il est attentif aux consignes, il se passionne, il va jusqu'au bout de son travail, il devient conscient des procédés réalisés et il les documente.

Il s'exprime d'une manière personnelle, avec créativité et engagement, il est sensible à la pluralité de cultures, langues, expériences.

En résumé, les *Indicazioni* actuelles sur l'évaluation des élèves à l'école maternelle, même en continuant à exclure l'utilisation de systèmes, critères et instruments de notation formalisée des niveaux d'apprentissage et de développement des compétences, fournissent des prescriptions détaillées concernant les aspects à évaluer, en les formulant au présent de l'indicatif. Ce type de formulation aide les enseignants et les parents à focaliser leur attention sur ce qui peut et doit être fait et évalué, et se prête à être traduit dans une *check-list* pour vérifier les niveaux de réalisation des compétences de base auxquels il faut « raisonnablement s'attendre » à la fin de l'école maternelle et pour le passage à l'école primaire.

Jusqu'à maintenant, nous ne disposons pas de données et d'évidence sur les pratiques professionnelles en vigueur, même si l'évaluation (d'ailleurs, sans aucune référence spécifique à l'école maternelle) est un thème prévu dans l'action ministérielle d'accompagnement, recherche et suivi de l'application des *Indicazioni 2012*[11].

Considérations finales

Les évolutions des prescriptions officielles brièvement illustrées mettent en évidence la persistance d'une conception de l'évaluation des élèves à l'école maternelle qui exclut l'utilisation de notations formalisées des niveaux d'apprentissage et des compétences atteintes. On peut résumer cette conception dans l'idée (déjà présente dans les *Orientamenti* de

---

[11] Voir le site officiel du ministère de l'Éducation nationale, de l'Université et de la Recherche sur « Faire l'école avec les *Indicazioni nazionali* » : http://www.indicazioninazionali.it.

1991 et régulièrement reprise dans les *Indicazioni* successives) selon laquelle il faut « décrire plus que mesurer et comprendre plus que juger ». Dans cette perspective, observation et documentation – avec des instruments et des modalités choisies ou construites localement – sont des actions professionnelles privilégiées par rapport à une approche docimologique rigoureuse. Néanmoins, toutes les propositions institutionnelles de dossiers, fiches et portfolios n'ont pas trouvé d'application généralisée, sauf en termes de pure et simple tâche administrative.

Toutefois, dans les prescriptions officielles, on remarque aussi une définition toujours plus précise d'objectifs et résultats attendus d'apprentissage ainsi que de développement de compétences chez les élèves, de façon générale et en référence aux « champs d'expérience ». Cette définition prend la forme de listes toujours plus péremptoires (comme le démontre le passage des formulations de l'infinitif au présent de l'indicatif) qui se prêtent à être facilement utilisées comme instrument de contrôle (de conformité) et de mesure des niveaux d'apprentissage.

Donc, les prescriptions officielles mettent en évidence un champ de tension dans des directions potentiellement en conflit entre une conception « souple » de l'évaluation, identifiée par l'absence de notation et de documentation formalisée, et une acception « dure », véhiculée par la définition de listes de validation nationales. Une tension qui, dans les pratiques professionnelles, entraîne la persistance d'une pluralité et d'une fragmentation des modèles opérationnels. C'est le fruit de l'enchaînement de prescriptions officielles différentes qui a caractérisé une longue période de l'histoire récente de l'école maternelle italienne. Il s'agit d'une succession de dispositions que le débat politique et les pouvoirs publics ont proposé de manière antagonique, et conflictuelle, faisant ainsi perdre de vue l'enjeu principal ; c'est-à-dire que l'exclusion (opportune) de notations formalisées ne se transforme pas en improvisation ou en intuition, mais comporte, par contre, un engagement encore plus rigoureux dans la documentation, avec des instruments et des modalités adéquates. Sinon, les listes d'objectifs et de résultats attendus risquent de devenir des grilles à remplir en cochant pour chaque élève un « oui », un « non » ou un « niveau intermédiaire », à montrer aux parents et à passer aux enseignants de l'école primaire. Et dans ce cas, peu importe que ces grilles soient prescrites par le ministère, construites entre collègues ou proposées par les maisons d'édition scolaires. On risque ainsi de mettre au premier plan l'attention à l'« élève » et de négliger l'attention à l'« enfant », ce qui ferait reculer l'école maternelle au niveau d'« école préparatoire à l'enseignement primaire » et provoquerait la perte d'un patrimoine pédagogique important.

CHAPITRE IX

Évaluation à l'école maternelle et développement professionnel des enseignants : réflexions pédagogiques et perspectives de recherche

Teresa GRANGE

> *Lecteurs vulgaires, pardonnez-moi mes paradoxes :*
> *il en faut faire quand on réfléchit ;*
> *et quoi que vous puissiez dire,*
> *j'aime mieux être homme à paradoxes*
> *qu'homme à préjugés.*
> J.J. Rousseau

Le paradoxe de l'évaluation à l'école maternelle

En Italie, depuis les années 1990, plusieurs actes législatifs (voir Calidoni dans cet ouvrage) – des *Orientamenti* (Orientations) de 1991 jusqu'aux récentes *Indicazioni* (Indications) de 2012 – caractérisent l'évaluation à l'école maternelle principalement par sa fonction formative, recommandent l'observation comme méthode pour la récolte des données et le portfolio comme instrument de documentation, invitent à éviter tout classement ou jugement des prestations, sollicitent la participation des familles et l'engagement des enfants dans des processus d'auto-évaluation et étayent la continuité avec l'école primaire par la promotion d'outils descriptifs du profil de l'élève. Par ailleurs, la loi sur l'autonomie reconnaît aux écoles la liberté de choix sur les pratiques pédagogiques et, partant, sur les critères et les modalités d'évaluation. Par exemple, la dernière prescription législative (*Indicazioni*, 2012) définit clairement, en termes de compétences, les résultats d'apprentissage attendus à la fin du cycle d'école maternelle, mais il revient à chaque établissement scolaire et à l'équipe éducative d'établir localement et spécifiquement une planification pédagogique apte à les poursuivre avec succès.

Dans cet espace de médiation, de responsabilité et de créativité professionnelle entre l'orientation normative et sa traduction praxéologique, se joue la qualité de l'offre de formation. En effet, la manière dont les enseignants gèrent leur marge discrétionnaire, interprètent leur fonction, prennent des décisions, agissent en situation, se répercute sur les environnements éducatifs en termes d'efficience, d'efficacité et d'équité des processus d'enseignement-apprentissage qu'ils enclenchent et accompagnent. De plus, cette zone d'autonomie est aussi le lieu privilégié du développement professionnel, où la consolidation de modèles courants et l'innovation se côtoient ; théorie et pratique s'affrontent et se rencontrent dans une quête d'intelligibilité toujours plus pointue ; le doute, l'incident, l'inattendu alimentent des questionnements et une mise en cause constructive qui favorisent l'adoption d'une posture de recherche génératrice de savoirs. Dans cette optique, pour qu'il y ait développement professionnel au sens propre (au lieu de simples mises à jour épisodiques), encore faut-il que l'enseignant assume en protagoniste les enjeux et les défis de la progression de son profil professionnel (Fabbri, Striano et Melacarne, 2008) et participe activement, cas par cas, à la définition des objectifs et à l'enchaînement cohérent des démarches de formation continue dans le cadre d'un projet dynamique modulé sur un ensemble intégré d'instances individuelles, contextuelles, sociales, culturelles et de système (Grange, 2014).

Pour revenir à l'évaluation, qu'en est-il de la prise en charge professionnelle de telles instances par rapport à cette dimension sensible et essentielle de tout processus d'enseignement-apprentissage ? L'école maternelle offre un profil paradoxal. D'une part, elle exprime un projet éducatif émancipatoire centré sur l'épanouissement et les progrès de l'élève, où l'évaluation joue un rôle cohérent de support et d'accompagnement des processus d'enseignement-apprentissage ; sa connotation culturelle renvoie principalement à un « lieu d'apprentissage » plutôt qu'à un « lieu d'évaluation » (Dweck, 2000). D'ailleurs, grâce à la perspective évolutive des contenus et à la forme qualitative-descriptive caractérisant les énoncés évaluatifs, elle représente le seul ordre scolaire à ne pas subir la domination des notes, la pression de la validation sociale des acquis (Vertecchi, 2003), le poids de l'inquiétude des conséquences des décisions évaluatives sur la carrière des élèves (Bertolini, 1995). D'autre part, cet allégement bureaucratique, social, affectif qui devrait aviver la créativité pédagogique et considérer l'école maternelle comme un laboratoire privilégié de bonnes pratiques où l'on a recours aisément, de façon ciblée, équilibrée et pertinente à toutes les fonctions de l'évaluation, « de » et « pour » l'apprentissage, se traduit parfois banalement dans un lieu commun qui voit l'école maternelle soit comme « une école sans évaluation », soit comme une école où l'on évalue tout le temps, mais sous des formes « qui ne comptent pas » ; en dépit du contraste apparent, le sens d'une évaluation absente et celui d'une évaluation constante, mais réduite à néant reste le même. Cela exprime la conséquence extrême d'une représentation sociale réductrice qui aplatit l'évaluation scolaire sur sa fonction certificative (Domenici, 2009). Déjà à l'école primaire, surtout depuis la réintroduction en 2008 des notes chiffrées[1], sévit une frénésie évaluative (normative, sommative) s'exacerbant au secondaire : il faut disposer d'un maximum de notes dont on est censé faire la moyenne pour classer, orienter voire sélectionner les élèves. En outre, ce qui est noté est valorisé

---

[1] Loi 169/08, article 2.

(Black et Wiliam, 2009), ce qui amène souvent à accentuer une distinction méprisante de l'école maternelle – en tant qu'« école sans notes » – par rapport aux autres ordres scolaires. Et pourtant, l'évaluation sommative y est bien prévue, pour attester des compétences précises attendues en fin de cycle pour tous les élèves ; il se peut que la modeste visibilité extérieure d'une certification éminemment analytique et documentaire, sans échelle ordinale, qui demande à être interprétée dans un cadre complexe et qui exclut toute comparaison sommaire, contribue à en nuancer la portée et l'impact social, par rapport à l'immédiateté et à l'apparente objectivité des notes. Par contre, d'autres fonctions, formative et diagnostique par exemple, dont l'exploitation pourrait être maximale en maternelle alors qu'elle est notoirement négligée au fur et à mesure que l'on avance dans les cycles successifs, ne semblent pas attirer de considération particulière.

Ainsi, la complexité de l'objet « évaluation », d'une part, et une certaine téléologie simpliste, d'autre part, sont à la base du profil paradoxal de l'école maternelle : une école sans évaluation qui est paradoxalement la plus riche en évaluation. Cette aporie de sens commun, mais assez diffuse chez les enseignants n'est pas sans conséquences sur les pratiques, sur le développement professionnel et, partant, sur la qualité de l'éducation. Évidemment, la première proposition du paradoxe signifie que toute exigence de formation dans la direction de l'amélioration de l'évaluation demeure indéterminée, abstraite, génériquement transversale ou superficielle, tandis que la deuxième ouvre à une constellation de possibilités d'approfondissement et d'innovation.

L'intérêt d'explorer ce paradoxe et de rechercher des pistes de sa (possible) résolution réside dans l'opportunité de poser un défi pédagogique audacieux : assumer l'école maternelle comme unité d'analyse et point de repère, c'est-à-dire étudier l'évaluation dans un milieu (l'école maternelle) où elle se déploie, plus ou moins manifestement, dans toute son extension, et ceci aussi au bénéfice des autres ordres scolaires, plus marqués par les tendances idéologiques des relations école-société ainsi que par des contraintes de situation[2] qui semblent en appauvrir l'expression (Cambi, 1998). Côté qualité, l'idée est celle d'opposer à une redoutable « primarisation » de l'école maternelle le transfert vertical, de la maternelle vers le primaire et le secondaire, de conceptions et pratiques pédagogiquement cohérentes, pour une évaluation foncièrement exercée et bien intégrée dans toutes les phases des processus d'enseignement-apprentissage.

Mais pour le faire, il est d'abord nécessaire que tous les acteurs de l'éducation reconnaissent le paradoxe en tant que tel : la sensibilisation s'impose, et elle s'inscrit à plein titre dans une dynamique de développement professionnel pouvant se configurer de différentes manières selon l'entrée conceptuelle choisie et les méthodes adoptées.

On propose ici un itinéraire possible parmi d'autres, se déroulant du constat du paradoxe à l'exploitation de son potentiel génératif, qui appelle la réflexion pédagogique et la recherche participative comme agents d'élection de développement professionnel en matière de qualité de l'évaluation pour une école de qualité.

Du paradoxe à la réflexion pédagogique : un trajet incidemment autonome

La capacité à saisir le paradoxe est la première et incontournable condition de sa résolution, d'où l'intérêt de déceler les possibles énoncés contradictoires sous-jacents à la

---

[2] Les contraintes sont d'abord d'ordre normatif (l'attribution obligatoire de notes à des moments précis de l'année scolaire, les décisions de promotion ou de redoublement, les programmes et les évaluations externes standardisées ou les examens d'État à jury mixte interne-externe), mais elles relèvent aussi des conditions de la planification éducative (moments réduits pour la collégialité des enseignants et pour les relations famille-école, organisation rigide de l'espace-temps, cloisonnement des disciplines scolaires).

façon dont les enseignants conçoivent et pratiquent l'évaluation à l'école maternelle. Encore faut-il que les facteurs paradoxaux soient reconnus comme tels, c'est-à-dire qu'ils fassent l'objet d'une appropriation critique, pour pouvoir entrer ensuite dans une dynamique transformative.

Les recherches sur la culture de l'évaluation chez les enseignants (Pellerey, 1998 ; Perrenoud, 1998 ; Vertecchi, 2003), en particulier celles centrées sur les attitudes face à l'évaluation (Gosling, 1992 ; Domenici, 2012 ; Hadji, 2012), sur les supports conceptuels et instrumentaux utilisés par les enseignants (Lock et Munby, 2000 ; Varisco, 2004 ; Wedwen, Winter et Broadfoot, 2009) offrent un cadre de référence pour investiguer et répertorier des spécificités significatives de l'évaluation à l'école maternelle non seulement à des fins de compréhension des phénomènes évaluatifs mais aussi dans une perspective évolutive. En effet, les données contextualisées exprimant des tendances, des attentes, des vécus, des pratiques relatées, des connaissances, des croyances, des perceptions des enseignants constituent un point de départ profitable pour élargir le champ sur une réflexion pédagogique appelant à leur problématisation. Cette extension critique ne va pourtant pas de soi : les démarches de développement professionnel inspirées de modèles centrés sur le sujet et son contexte – comme le paradigme réflexif (Schön, 1983) ou l'apprentissage transformatif (Mezirow, 1997) – prévoient des actions ponctuelles et délibérées de questionnement (comme la « conversation avec la situation », le « dilemme perturbateur », l'« incident critique », pour n'en citer que quelques-unes) susceptibles de mettre en évidence et de promouvoir l'élaboration des ruptures, des lacunes, des dissonances, des incongruités qui risqueraient autrement de rester inertes. Le passage de la « représentation » au « besoin » n'est pas automatique, car si la dimension du changement est inhérente au besoin et consubstantielle au développement professionnel, elle peut s'avérer absente notamment dans une représentation cristallisée, solidement confortée par l'expérience ou fermement ancrée dans un système de croyances donné. Voilà donc un point d'attention sensible pour la mise en place de dispositifs visant non seulement à susciter une prise de conscience factuelle ou conceptuelle, mais aussi à favoriser une innovation des pratiques.

À ce propos, il nous semble approprié de citer une expérience de terrain où le passage de la représentation à l'expression de besoins professionnels a demandé un accompagnement ultérieur et réfléchi. Lors d'une étude locale sur les représentations des enseignants vis-à-vis de l'évaluation[3], nous avons sondé, entre autres, les relations entre les croyances (Kagan, 1992 ; Van den Berg, 2002 ; Vause, 2009), les pratiques déclarées et la perception des actes formels. Les résultats de l'analyse des données recueillies par questionnaire ont été restitués aux participants de façon collective, afin de recueillir des éléments de discussion pour donner du sens aux produits de l'enquête du point de vue des sujets concernés et pour mieux focaliser les nœuds critiques sur lesquels engager par la suite la sensibilisation des enseignants à un engagement professionnel sur l'évaluation à l'école maternelle. Nous avons pu constater que certaines tensions et même de manifestes contradictions ressortaient, tant dans l'examen du corpus dans son ensemble que dans l'analyse de cohérence interne de chaque

---

[3] L'étude a été conduite en 2013 en collaboration avec E. Del Gottardo, dans le cadre d'un projet du Département de Sciences humaines et sociales de l'Université de la Vallée d'Aoste, focalisé sur les thèmes de l'évaluation et des relations famille-école, qui a intéressé 70 enseignants d'école maternelle de la Région autonome de la Vallée d'Aoste recrutés sur base volontaire et interviewés par questionnaire, motivé à favoriser l'accroissement de la qualité à l'école maternelle de la Région. En ce qui concerne l'évaluation, notre triple objet consistait à : (1) comprendre si et comment l'évaluation est intégrée dans le projet éducatif de l'école enfantine valdôtaine ; (2) identifier les besoins de formation et de développement professionnel chez les enseignants y afférents ; (3) approfondir notre compréhension des spécificités de l'évaluation à l'école maternelle du point de vue pédagogique et par rapport au système scolaire dans son ensemble. Les résultats de cette section du projet ont fait l'objet d'une présentation au 26e Colloque de l'ADMEE Europe (Marrakech, janvier 2014).

questionnaire en particulier. Néanmoins, l'implication des enseignants dans la discussion des données n'a pas toujours engendré de problématisation : certaines contradictions ont été relativisées, tolérées par une attitude fataliste ou justifiées par un déséquilibre de priorités dans l'action ou la planification pédagogique.

À titre d'exemple, voici quelques-unes de ces tensions, accompagnées des résultats de leur discussion :

Première tension :
évaluation diffuse vs évaluation intégrée

Les résultats montrent en premier lieu que l'école maternelle n'est pas conçue par les enseignants interviewés comme « une école sans évaluation » : la dimension évaluative est clairement établie et valorisée comme support indispensable à la planification pédagogique et à l'accompagnement des progrès de l'enfant. Ainsi, les enseignants convergent en général sur les faits suivants : l'évaluation est nécessaire, elle traverse toute pratique éducative, elle ne s'exprime pas forcément par des notes, elle est socialement et culturellement connotée, elle interpelle l'éthique du professionnel de l'éducation. Au niveau de principe, l'évaluation semble avoir une place appréciable à l'école maternelle. Mais de quelle évaluation s'agit-il ? Il émerge clairement que les enseignants font référence essentiellement à l'évaluation dans sa fonction formative, en termes de ressource irremplaçable pour la prise d'information sur les processus d'apprentissage et d'exercice nécessaires en vue de décisions pédagogiques adaptées aux besoins des élèves. Par contre, le côté sommatif montre des contrastes évidents ; la fonction diagnostique, l'auto-évaluation et l'évaluation externe ne sont traitées que marginalement et, dans la plupart des cas, de manière conceptuellement confuse.

Durant la discussion notamment, la négation de la fonction sommative fait presque l'unanimité, sur un ton qui tourne à la revendication : on évalue tout le temps, mais on ne se prononce jamais de façon synthétique sur tel ou tel apprentissage car ce serait inutilement perturbant pour des élèves « encore petits ». De plus, l'évaluation sommative est associée à une mesure, à des procédures formelles, tandis que l'évaluation formative est considérée plus souple et intuitive, remise à la sensibilité de l'enseignant. Selon les participants à l'enquête, l'évaluation formative est la « bonne » évaluation, tandis que la sommative est parfois dangereuse par son potentiel de compétition et de stigmatisation des élèves. Pourtant, la compilation des bulletins est valorisée comme marque du sérieux des pratiques évaluatives et comme signe identitaire (l'école est un lieu où on évalue et on atteste les résultats de l'évaluation dans des documents officiels ; à la maternelle, en tant qu'école, on fait de même). Ils semblent identifier la fonction sommative à une mesure (quantitative) immédiate et descriptive, tandis que l'évaluation formative est rapprochée d'une formulation qualitative critériée et interprétative ; le quantitatif étant exclu par statut, il en est de même pour la fonction qu'ils y rattachent. De cette manière, le biais reste tacite.

Deuxièmement, les enseignants reconnaissent l'importance de disposer de données pour réfléchir au choix des activités les plus adaptées aux nécessités d'apprentissage des élèves, mais ils déclarent ne pas pratiquer d'évaluation diagnostique. Par ailleurs, ils ont des difficultés à définir la fonction diagnostique et à y associer des pratiques effectivement mises en œuvre.

Enfin, la promotion de l'auto-évaluation chez les élèves est considérée comme un objectif « important », mais les propos évaluatifs ne font généralement pas l'objet d'un dialogue enseignant-élève. La participation des enfants à l'évaluation apparaît épisodique avec une connotation principalement affective et sans viser des processus d'apprentissage de niveau supérieur (comme, par exemple, la métacognition ou la métadécision). Cela ne paraît pas représenter un problème, car les enseignants considèrent que « c'est très difficile avec des petits mais ça viendra avec le temps ».

Au fond, il en ressort une idée d'évaluation holistique, « pour l'apprentissage », menée habituellement par l'enseignant, avec une part de formalisation de l'évaluation « des apprentissages » qui réaffirme le statut « scolaire » de la maternelle. La méconnaissance et la sous-utilisation des diverses fonctions de l'évaluation et de leur complémentarité, quoique mise en évidence par les données du questionnaire et les commentaires durant la restitution, ne semblent pas poser de souci : les enseignants paraissent plutôt satisfaits, voire soulagés de pouvoir gérer l'évaluation de façon libre, pour « se concentrer sur les processus d'apprentissage ».

Bref, l'évaluation est partout mais elle sait se montrer discrète : à ce stade de réflexion, le paradoxe n'en est pas un ou, du moins, on s'en accommode.

**Deuxième tension :
observation spontanée vs observation systématique**

Si l'évaluation semble coïncider avec sa fonction formative, la récolte de données devrait représenter a fortiori un point crucial. L'observation spontanée (qui prévaut largement sur l'observation systématique) et le questionnement informel de l'enfant sont les modes les plus fréquemment évoqués. Par contre, la spécification des attentes, des critères et des indicateurs est accidentelle ; des outils tels que le journal de bord, les enregistrements, le portfolio, les fiches structurées sont peu exploités. Ainsi, l'observation est pratiquée de façon diffuse au quotidien durant les activités, principalement de manière spontanée. Pourtant, les participants se déclarent intéressés à pouvoir disposer de données fiables et valides et reconnaissent leur manque de compétences spécifiques, par exemple dans l'élaboration d'instruments appropriés. Cependant, durant la discussion, il ressort qu'« au niveau de l'évaluation formative, ce n'est pas si important » car ils peuvent compter sur leur expérience, sur leur sensibilité et sur leur connaissance de l'élève pour comprendre si et comment les apprentissages progressent. Aussi, certains craignent les dérives du technicisme, le risque de perdre de vue la globalité des processus par une focalisation fragmentaire et un peu rigide sur tel ou tel objet d'observation. Donc, si le lien entre qualité des données d'observation et qualité de la planification des processus d'enseignement-apprentissage est reconnu, c'est le critère de qualité des données qui n'a pas suscité d'interrogation. Des critères pédagogiques et des outils cohérents pour une récolte de données valide et fiable seraient les bienvenus (on peut toujours s'améliorer), mais les enseignants n'en signalent pas l'urgence : ils semblent faire suffisamment confiance à leurs pratiques actuelles.

Troisième tension :
information *top-down* vs échange coopératif

La communication autour des évaluations présente plusieurs ambiguïtés. D'abord, les enseignants attribuent un grand intérêt au « passage d'informations » aux familles des élèves et aux collègues, mais ils manifestent des résistances à le considérer en tant que tel comme évaluation. Ils accentuent le caractère provisoire, hypothétique, non structuré des contenus transmis et ils n'en font pas un objet de discussion dans le cadre d'une prise en charge éducative commune. D'une part, on constate une dévalorisation des évaluations et d'autre part, on assiste à une exaltation des échanges d'informations avec les familles et entre enseignants, dans l'intérêt de l'éducation de l'enfant ; ce qui circule dans les communications est toutefois peu défini et surtout la finalité des communications n'est pas claire et semble échapper à un projet de co-éducation. De même, d'un côté les aspects formels et bureaucratiques sont stigmatisés et séparés des pratiques pédagogiques, mais de l'autre, du moins pour certains, ils représentent des « moments importants » de bilan, en particulier en vue du passage de la maternelle à l'école primaire. Bien que chaque établissement scolaire organise la communication des évaluations selon ses propres critères et procédures ; les enseignants interviewés ne semblent pas trop concernés par une réflexion autour de ces choix en lien avec les spécificités et le rôle de l'évaluation dans le projet pédagogique de l'école enfantine.

Quatrième tension :
demande de formation vs besoin de formation

Tous les enseignants déclarent que la formation en matière d'évaluation est bien nécessaire voire essentielle, sans pour autant arriver à en préciser les finalités et les contenus souhaités. D'après les résultats de la discussion collective, la demande de formation se présente soit comme une exigence de légitimation de l'identité professionnelle (un enseignant professionnel de n'importe quel ordre scolaire doit avoir des compétences en matière d'évaluation), soit en termes de compensation d'un sentiment d'incomplétude et d'insécurité (plusieurs enseignants se reconnaissent mal à l'aise avec l'évaluation), mais rarement comme un besoin authentique, ou au moins prioritaire, en relation à la qualité de leur enseignement. Cette donnée paraît consistante avec l'ensemble des résultats de l'enquête (questionnaire et discussion), qui met en évidence que tant les conceptions que les pratiques évaluatives déclarées ne sont pas ressenties comme problématiques, ni dans leur gestion quotidienne, ni en relation avec la qualité de l'offre éducative.

Finalement, la recherche locale montre que l'évaluation, bien qu'en principe reconnue et diffusément pratiquée, surtout informellement et dans sa fonction formative, n'est pas en soi intégrée de façon cohérente au projet pédagogique de l'école enfantine valdôtaine. La sensibilité pédagogique ; la centration sur les processus d'enseignement-apprentissage ; l'orientation éthique des choix didactiques ; l'importance accordée aux relations avec les collègues, les enfants, leurs familles ; l'attention vers la continuité avec l'école primaire : tous ces aspects qui émergent distinctement des réponses au questionnaire et des contributions à la discussion dans toute leur richesse et leur caractérisation prononcée dans l'école maternelle, ne semblent toutefois pas se nourrir des apports d'une évaluation conçue et pratiquée en entier dans toutes ses formes et fonctions. D'ailleurs, même face à l'explicitation de certaines contradictions les enseignants ne manifestent pas des besoins de formation, au-delà d'une demande générique ou accessoire de mise à jour professionnelle.

Cet exemple, dont les conclusions ponctuelles ne s'appliquent évidemment qu'à la population d'enseignants effectivement observée, suggère cependant une réflexion méthodologique plus générale : la nécessité de garder une certaine prudence quant aux résultats possibles d'un travail sur les représentations. En effet, mis à part le cas particulier qui nous a permis d'illustrer l'intérêt et les limites de l'explicitation, et même de la discussion des points de vue des enseignants sur l'évaluation, le risque de faire l'impasse sur la discontinuité nécessaire pour que le changement se produise, doit être pris en compte.

Car dévoiler une série d'antinomies ou d'incohérences plus ou moins profondes ne correspond pas nécessairement à les assumer, étant donné que résoudre un paradoxe relève aussi d'un sentiment de responsabilité : il s'agit alors, outre que de prendre conscience des contradictions qui ponctuent l'expérience évaluative, de faire émerger et examiner le lien entre le paradoxe de l'évaluation à l'école maternelle et la qualité de l'éducation que l'on peut y offrir, c'est-à-dire mettre en question les processus d'évaluation en raison de la responsabilité enseignante sur les processus d'enseignement-apprentissage dont l'acte évaluatif est partie intégrante. À ce moment, une « réflexion pédagogique » peut alors se mettre en place et déboucher sur un projet de développement professionnel. Par ailleurs, la posture réflexive (Donnay, 2001), par sa proximité structurelle avec l'attitude de recherche, favorise à son tour une interrogation profonde de la réalité éducative. Par conséquent, il y a lieu de s'interroger sur les choix de recherche et de formation susceptibles de promouvoir et soutenir un tel processus, à la fois de prise de conscience et de motivation au changement.

Mise en recherche :
une chance de développement professionnel

Nous venons de souligner que « poser des questions » aux enseignants pour faire émerger leurs conceptions et leurs pratiques déclarées permet sans doute de mieux comprendre et d'objectiver certains aspects de l'évaluation à l'école maternelle. Mais nous avons également avancé que seules les « questions que les enseignants se posent » engagent une réflexion pédagogique, une dynamique de clarification de besoins et une mise en projet porteuse de développement professionnel.

Le questionnement pédagogique est à la base de la perception d'abord et de la définition ensuite d'un état insatisfaisant qui demande à être surmonté. Les besoins professionnels, en tant qu'objets qui découlent de l'appréciation ponctuelle d'un manque, de la prise de conscience d'une lacune ou d'un vide, peuvent émerger et se préciser à partir des représentations des acteurs concernant une réalité, pourvu qu'ils la considèrent frustrante, incomplète ou incongrue. Assurément, les besoins de formation, les écarts perçus entre une situation existante et une situation désirée que justement la formation devrait combler, condensent des éléments actuels et des états potentiels visés ; en outre, ils touchent à l'identité professionnelle, car ils expriment des instances transformatives situées, ressenties comme nécessaires et utiles pour atteindre des finalités valorisées et justifiables (Fernandez, 1988). Pour entamer un processus de changement, il est essentiel que le sujet concerné attribue du sens et de la valeur au dessein transformateur, que le recouvrement de l'écart dont le besoin est l'expression soit désirable et légitime. En effet, chaque besoin est situé et contingent, il émerge d'une réalité particulière, il est susceptible d'évoluer avec les circonstances et les contextes et il s'avère apte à orienter les conduites du sujet (Lapointe, 1992) : c'est pourquoi seuls les acteurs de la formation peuvent l'identifier et l'exprimer. Du point de vue du chercheur et du formateur, on peut quand même s'interroger sur les conditions favorables à ce positionnement critique et génératif dans le parcours d'évolution professionnelle. Ainsi, est-il utile de se tourner vers une « mise en recherche » des enseignants, capable de les aider à réfléchir pédagogiquement sur leurs représentations et leurs pratiques dans une visée évolutive et transformative (Desgagné et Bednarz, 2005), comme le montre le recours croissant à des dispositifs de recherche participative en tant que vecteurs de développement professionnel (Leitch et Day, 2000). Dès lors, les recherches fondées sur la collaboration entre chercheurs et praticiens pour – entre autres et en même temps – engager des processus de changement positif, produire des savoirs contextualisés, contribuer à l'approfondissement conceptuel, semblent particulièrement prometteuses si l'on aspire à combiner la conceptualisation et l'action par : (a) une lecture lucide et systématique des différents niveaux de prise de conscience des enjeux de l'évaluation à l'école maternelle en relation avec la qualité de l'éducation, et (b) leur traduction en intentionnalité pédagogique (Massa, 2004), ce qui suppose une orientation délibérée, active et créative vers un but identifié et valorisé auquel adresser son engagement nomothétique et productif. En effet, bien que sous des formes différentes (Vinatier, Filliettaz et Kahn, 2012), ce type de recherches donne accès, par exemple, aux négociations et aux variations de sens du geste évaluatif dans la réalité courante de la planification et de l'action, aux critères à la base de décisions précises dans leur unicité, aux stratégies de réponse, aux dilemmes éthiques et sociaux que le choix des modalités et des contenus d'un « passage d'informations » particulier peut entraîner, pour les faire devenir des objets d'étude (ancrés dans la contingence, mais ouverts à la multiplication des clés de lecture et à la recherche de conditions de décontextualisation) et des moteurs de changement. La filière des recherches collaboratives et participatives dont la recherche-action représente une modalité assez diffuse en éducation (Pourtois, Desmet et Humbeeck, 2013), puisqu'intrinsèquement transformative, paraît a priori préférable par rapport aux approches de formation *top-down* où la distinction entre attentes et besoins reste floue sinon tacite. Il suffit de songer, par exemple, aux formations à forte connotation technique ayant pour objet des stratégies décontextualisées de construction d'épreuves structurées ou de référentiels de compétences pour évaluer les apprentissages, qui risquent de superposer incidemment et sans difficulté des pratiques relevant de paradigmes différents, sans jamais atteindre en profondeur « le sens » des choix pédagogiques au sujet de l'évaluation, en relation à la mission éducative dans son unité.

Dans le cas de notre étude locale, par exemple, nous avons fait suivre à la restitution-discussion de l'enquête par questionnaire un appel à candidatures pour la participation à l'élaboration et à la réalisation d'un projet de recherche-action-formation portant sur « l'évaluation au service de la qualité de l'école maternelle », prenant appui d'une part sur la demande générique de formation qui était ressortie et d'autre part sur les espaces d'autonomie pédagogique et organisationnelle que les enseignants ont admis ne pas exploiter totalement. Cette zone d'exercice du libre arbitre du professionnel de l'éducation nous paraissait un lieu de rencontre fécond d'instances de recherche et de formation, pouvant faire émerger les besoins. Un groupe de recherche a été formé[4] et il est actuellement engagé dans la concertation et la mise en place d'un projet à réaliser dès la prochaine rentrée scolaire. La définition conjointe des objectifs du projet fait appel à une pratique réflexive inspirée du modèle REFLECT de Lawrence-Wilkes et Ashmore (2014)[5], favorisant l'émergence et l'analyse de besoins à partir de la réalité des processus d'enseignement-apprentissage évoqués par les

---

[4] Le groupe est formé de douze enseignants provenant de quatre différents établissements scolaires et de deux universitaires, engagés pour un premier cycle de recherche-action-formation sur une année scolaire. La recherche est en cours.

[5] REFLECT est l'acronyme des sept phases de la démarche réflexive systématisée par Lawrence-Wilkes et Ashmore (2014) : *Remember, Experience, Focus, Learn, Evaluate, Consider, Trial*.

participants. Par exemple, le besoin de préciser des critères, d'aménager des espaces et des outils pertinents d'observation des enfants, s'est révélé depuis une réflexion sur le sens à accorder à la finalité prescrite par les *Indicazioni* de 2012 de rendre l'élève capable de s'exprimer « avec créativité et participation ». L'élaboration du groupe est née du récit d'une expérience dissonante d'une enseignante : sa collègue de section avait avancé une interprétation de la « créativité » et de la « participation » d'un élève en particulier radicalement différente de la sienne, ce qui avait soulevé une controverse sur les actions pédagogiques convenables à mettre en œuvre pour favoriser le progrès de l'enfant. Dans ce cas, la pratique réflexive a permis aux enseignants d'expliciter et développer un lien plausible, concrètement relié à l'expérience vécue, entre évaluation et décision éducative, de le traduire par la suite en interrogation et de le réélaborer enfin, en relation à d'autres questionnements issus des apports des participants, en termes de besoin.

Pour revenir au discours général, les recherches participatives, par leur posture à la fois herméneutique et transformative, se prêtent à accompagner les enseignants dans la prise en charge du paradoxe de l'évaluation à l'école maternelle. Une mise en projet *bottom-up* échappant à toute prédétermination externe (Bondioli et Ghedini, 2000) semble en effet propice à l'émergence des besoins professionnels et à une négociation intersubjective de sens finalisée à la quête de solutions soutenables, mais jamais définitives aux contradictions et aux ambiguïtés de l'évaluation (re)connue dans toute sa complexité. La circularité et la réciprocité, d'un côté, de l'inscription des dimensions de l'évaluation qui jouent au quotidien dans l'expérience éducative de l'école maternelle dans des cadres conceptuels accrédités, et de l'autre côté de l'interpellation et l'alimentation de ces cadres par les données de terrain génèrent une dynamique évolutive.

Par ailleurs, du point de vue proprement pédagogique la définition et l'exploration de la question du sens, des conditions, des formes et des usages de l'activité évaluative est inextricablement liée à l'idée d'école qui la sous-tend (Baldacci, 2014) : ainsi, repenser l'évaluation revient à reconsidérer la gestion, l'organisation, les ressources, les contraintes, la didactique, les valeurs, l'éthique du système scolaire. Replacer la problématique de l'évaluation dans le cadre institutionnel permet d'en saisir simultanément la cohérence et les axes directionnels.

Le contexte de l'école maternelle, porteur d'un paradoxe qui réunit et concentre la pluralité et les polarités de la complexité évaluative, représente alors un terrain intéressant d'approfondissement des cultures de l'évaluation qui traversent le milieu scolaire. À cet égard, l'étude de dynamiques transformatives dans le domaine du développement professionnel pourrait offrir des clés pour un élargissement de perspective dans les autres ordres scolaires, tant au niveau théorique que sur le plan praxéologique.

Pour conclure, l'engagement professionnel des enseignants vis-à-vis des spécificités de l'évaluation à l'école enfantine passe par l'élucidation et la mise en cohérence d'un projet éducatif global incluant l'évaluation au service de la réussite de tous les élèves. La reconnaissance et la prise en charge en termes critiques de besoins de formation – situés et évolutifs – et des problématiques liées à des représentations partielles, morcelées, décontextualisées et indifférenciées des fonctions évaluatives, prélude à la mise en place d'expériences significatives à la fois de développement professionnel et de recherche, orientées synergiquement à l'accroissement de la qualité de l'éducation. Du moins, c'est la direction d'une réflexion pédagogique incline à valoriser l'évaluation dans son potentiel généreux de support et d'orientation de projets éducatifs émancipatoires, riches et articulés, sans égard pour un certain spontanéisme et les simplifications réductrices qui actuellement semblent effleurer aussi l'école maternelle.

CONCLUSION GÉNÉRALE

Protéger ou préparer les enfants ? L'évaluation précoce entre faux dilemme et vraie valorisation

Olivier MAULINI

L'enfance doit-elle être protégée du monde des adultes, ou au contraire préparée à l'affronter lucidement ? Cette question est à la fois récente et récurrente en éducation. Récente parce qu'elle est née de la séparation moderne – via la clôture scolaire – entre le temps réservé à la formation et celui d'après, consacré à la production (Ariès, 1973). Récurrente, parce que la tension entre aujourd'hui et demain traverse depuis toujours l'école, cet espace paradoxal censé certes protéger les élèves des contraintes de la vie ordinaire, mais pour les y préparer, en fin de compte, plus rationnellement (Perrenoud, 2011).

> Today, two conceptions of childhood compete. One is the notion of a protected childhood : the idea that children need to be insulated from adult realities. The other notion is of a prepared childhood : that far from being sheltered from reality, children need to be prepared from a very early age for the kinds of threats they will face. (Mintz, 2012, p. 23)

Se garder ou s'approcher au contraire des hiérarchies prévalant dans la société : voilà, semble-t-il, le dilemme à trancher. Si l'évaluation par l'école est controversée, c'est peut-être parce que l'évaluation de l'école est elle-même conflictuelle, et adossée à des attentes sociales désormais difficiles à concilier.

Cet ouvrage collectif a en somme éprouvé cette hypothèse, en croisant des données et des interprétations en provenance de contextes différents, mais suggérant toutes un mouvement plus ou moins universel (et rapide) de *schoolification* des premiers degrés (Christakis, 2016 ; Garnier, 2016). Formalisation et programmation des objectifs, explicitation et textualisation des savoirs, systématisation des tâches et des interactions, institutionnalisation et normalisation des évaluations : ces phénomènes semblent interdépendants, et se justifier les uns les autres au nom de trois intentions principales : 1. Tirer au mieux parti du désir et de la capacité d'apprendre des jeunes enfants (argument de leur « plasticité cérébrale ») ; 2. Identifier et traiter au plus tôt les difficultés potentielles (argument de la « détection précoce ») ; 3. Assurer davantage d'uniformité et de transparence dans ces deux domaines, en encadrant les pratiques des enseignantes (argument de l'« équité de traitement »). Face à cette triple tendance, nous avons vu combien les attitudes des professionnelles de l'école peuvent varier : quoi qu'en pensent les chercheurs, leurs réactions s'étendent de l'approbation à la résistance, en passant par un sentiment diffus de mise à l'épreuve des conceptions et des pratiques héritées, sentiments résumés par les expressions de « scolarisation », d'« inflation scolarisante » ou de « primarisation » de la formation des jeunes élèves (Galliéron Giroud, Meyer et Veuthey, 2013 ; les chapitres de Meyer et de Schetgen dans cet ouvrage). Pour le meilleur ou pour le pire, la forme scolaire progresserait vers la petite enfance en lui étendant son découpage resserré de l'espace et du temps, et ses modes standardisés et scripturalisés de contrôle et d'évaluation.

Un conflit de doctrines peut dès lors s'installer : faut-il camper sur une option développementale de protection de l'enfance (contre l'intention de faire grandir et de mettre sous pression les élèves trop rapidement) ou risque-t-on d'entraver ainsi l'école première dans sa mission de préparation (aux degrés suivants, aux attentes sociales, à un besoin de savoirs et de compétences grandissant) ? Dans le débat public, on entend d'un côté que les enseignantes des premiers cycles patienteraient abusivement (« *les élèves n'apprennent pas, ils jouent* »), de l'autre qu'elles brusqueraient inutilement les choses (« *les fiches et les devoirs sont envahissants* »). Les deux procès peuvent d'ailleurs s'additionner, et laisser les praticiennes partiellement démunies devant la contradiction, aux prises avec l'impression que plus rien n'est évident, et que la reconnaissance de leur savoir-faire est sur le ballant. Mais le véritable enjeu est-il de concilier deux valeurs inconciliables ou de combiner plutôt deux rationalités : d'une part la logique didactique, qui appelle à réguler les progressions ; ensuite la contrainte politique, qui exige de régler les distributions. Essayons de montrer comment l'un puis l'autre registre peuvent tour à tour prendre les devants, pour voir dans un troisième temps quels équilibres sont envisageables, et à quelles conditions.

La logique didactique : réguler les progressions

Pourquoi évalue-t-on ? Dans l'idéal, pour vérifier des apprentissages (évaluation certificative) ou, à défaut, pour constater leur absence et (ré)orienter l'enseignement efficacement (évaluation formative). À la limite – et toujours idéalement – l'évaluation soutient en permanence le processus de formation, y compris lorsqu'une session d'examens sanctionne un cycle d'études, donne accès à un diplôme et mène aux filières dont ce diplôme est la condition. « Un projet éducatif global inclut l'évaluation au service de la réussite de tous les élèves » (voir Grange dans cet ouvrage). D'un point de vue didactique, une bonne évaluation régule alors les progressions de manière juste, efficace, rationnelle : elle aide les maîtres à enseigner et les élèves à apprendre, à chaque étape de la scolarité (Mottier Lopez, 2015). Ce n'est ni menace (Butera, Buchs et Darnon, 2011), ni une mesure figée de l'excellence (Perrenoud, 1998), mais une ressource utile pour constituer et conduire les classes en connaissance de cause, en prenant des informations sur ce que les élèves ont compris de ce qu'on leur dit et de ce qu'on leur demande. Aucun cycle de formation ne devrait (vouloir) se passer d'un tel instrument : surtout pas celui des apprentissages fondamentaux.

Plaçons-nous dans cette optique provisoirement. L'évaluation sera féconde si on ne la rejette pas par principe, et si on l'emploie habilement. Un usage pragmatique de ce levier peut même augmenter le pouvoir d'agir des enseignantes, et celui de leurs élèves s'ils sont associés à la réflexion. Mais qu'est-ce qu'un usage pragmatique de la fonction évaluatrice, et à quoi le reconnaîtra-t-on ? Si la logique didactique consiste à soutenir et réguler fonctionnellement les progressions, quelles pratiques s'approchent-elles le plus d'une telle expertise ? Les auteurs réunis dans ce livre reviennent sur les principales caractéristiques d'une évaluation pertinente, en concentrant leur regard sur les débuts de la scolarité et les bases du métier d'élève telle qu'ils contraignent de l'exercer. Une lecture transversale de leurs contributions montre qu'ils insistent sur les vertus (voire la nécessité) de trois opérations complémentaires, donc de trois compétences professionnelles à coordonner : observer, expliciter, secondariser.

Observer d'abord. Un malentendu semble peser sur les manières scolaires d'évaluer : dans une pédagogie bien rythmée, il faudrait d'abord enseigner puis, hors de l'enseignement, mesurer les effets du travail effectué. Un premier temps servirait à présenter le savoir, un second à vérifier sa compréhension, comme le voulaient les pratiques rituelles de la répétition et de la récitation des leçons. Tests, contrôles continus, épreuves périodiques, sessions d'examens (fussent-ils « blancs »), relèvent tous, aujourd'hui encore, d'un découplage entre le moment des interactions (formatrices) et celui du bilan (évaluatif). Ce protocole est issu d'une longue tradition, mais il subit aujourd'hui deux critiques principales : premièrement, les heures consacrées à préparer, passer et corriger les travaux d'évaluation réduisent le temps qui reste pour enseigner davantage de choses, ou les mêmes mais plus solidement ; deuxièmement (et plus insidieusement), évaluer à heures fixes augmente le risque d'enseigner par ailleurs à l'aveugle, sans chercher activement à comprendre ce que les élèves apprennent ou pas sur le moment. Dans des situations de jeu symbolique à l'école première, on constate par exemple que les participants formellement évalués s'engagent nettement moins dans l'activité que ceux dont l'enseignante observe discrètement les échanges pour tirer des diagnostics (« leur champ lexical est peu développé »), puis travailler hors contexte à enseigner un vocabulaire ciblé dont elle vérifiera plus tard (et à nouveau dans le jeu) qu'il est mobilisé (Clerc-Georgy, Truffer Moreau et Breithaupt, 2015, pp. 90-92 ; voir aussi Clerc-Georgy et Truffer Moreau dans cet ouvrage). Évaluer de manière pragmatique, c'est se donner l'espace et le temps d'observer les élèves en situation, en particulier ceux qui gravitent aux marges des tâches assignées sans comprendre ce qu'on leur demande (mais sans non plus le signaler), quitte – métier d'élève oblige – à passer inaperçus voire à donner des signes extérieurs mais volontairement trompeurs d'activité. Ne rien voir ne permet pas de réguler. Repérer l'élève qui n'a pas compris est la condition nécessaire pour l'aider, donc pour expliciter le savoir qui, sans cela, lui échapperait.

Expliciter serait ainsi la deuxième opération clé. Celle qui empêche un deuxième malentendu de persister, au croisement de la responsabilité d'instruire et de sa face cachée : constater l'ignorance pour la sanctionner. Observer qu'un enfant ne sait pas (bien) lire est relativement aisé : un répétiteur amateur verra par exemple tout de suite que son élève ne distingue pas les sons /ɛ̃/ dans le mot « maintient », ou qu'il croit à tort que « M. Seguin n'avait jamais eu que du bonheur avec ses chèvres » signifie qu'il fut toujours malheureux auprès d'elles. Mais comment passer de l'erreur (sanctionnable) à sa correction (imaginable) ? Suffit-il de ponctuer chaque mauvaise formulation d'un « non, c'est faux » ? Nous savons que le vrai correctif consiste plutôt à produire un enseignement, donc à faire comprendre à l'élève la composition des digrammes (ain/en) ou les implicites de la langue (jamais que...) en manipulant les signes et les mots. Si certains parents sous-estiment la complexité du métier d'enseignante, c'est que l'expertise didactique consiste moins à multiplier les situations d'échec qu'à pointer les savoirs (« "ils prient" est pluriel, "il vient" singulier... par ellipse, "jamais que" résume "jamais *autre chose* que"... ») dissimulés derrière les incompétences constatées. Les élèves en difficulté manquent bien moins souvent d'« aptitudes » ou de « capacités » que de la clarté cognitive dont disposent ceux qui la construisent chez eux ou en classe, mais toujours en privé (Margolinas et Wozniak, 2012 ; Crinon *et al.*, 2015), en se ressaisissant des tâches et des situations dont leurs camarades ne font que s'acquitter.

Un troisième malentendu reste en effet à lever : expliciter n'est pas seulement expliquer. Les travaux sur l'enseignement direct (ou explicite) sont volontiers opposés à la pédagogie de projet ou à la didactique des situations complexes, à qui ils reprochent de solliciter des savoirs que ces pratiques ne présenteraient pas de manière aussi transparente, structurée et progressive qu'une succession de leçons au thème à chaque fois bien identifié (Muijs et Reynolds, 2007 ; Gauthier, Bissonnette, Richard et Castonguay, 2013). Mais cette approche ne préconise pas pour autant un cours magistral à son tour d'un seul bloc, et tout aussi opaque à appréhender. En maternelle comme plus tard, le sur-ajustement didactique (trop de guidage) est tout aussi nuisible qu'un sous-ajustement exagéré (trop de liberté) (Joigneaux, 2009). L'explicitation n'est pas un produit extérieur à l'élève (que le maître n'aurait qu'à exposer à son attention), mais un processus de conceptualisation reliant une opération (concrète ou formelle) à sa formalisation au moyen des mots. Secondariser, c'est ressaisir une opération pratique pour en faire un savoir théorique, quitte à remonter à l'opération initiale pour impliquer l'élève dans son explicitation. C'est en faveur de cette boucle reliant le moment de la secondarisation de la pratique à celui de l'explicitation théorique que militent autant certaines pédagogies actives que l'enseignement direct lorsqu'aucune de ces propositions n'est mal interprétée (Maulini, 2005). Dans *Les Malheurs de Sophie*, la Comtesse de

Ségur met par exemple en scène son héroïne en la rendant étrangement « presque contente » d'être un jour punie par sa maman : comment comprendre ce paradoxe ? C'est que, dans la scène en question, Sophie s'est si maladroitement coupé les sourcils qu'elle devient la risée des invités. Une équipe d'enseignantes confrontées à cette situation au cours d'une session de formation continue (initialement consacrée à la pédagogie différenciée) en a conclu que jouer la saynète pourrait aider les élèves déconcertés par le texte à vivre, à éprouver et à prendre conscience de l'expérience des protagonistes : elle a en même temps constaté que ce détour par l'intersubjectivité était rarement pratiqué dans les classes, peut-être par manque d'habitude, mais aussi de temps à lui consacrer. Nous touchons ici une limite : quand ce qui serait didactiquement souhaitable n'est pas *ipso facto* pratiqué en réalité, est-ce parce que l'école et les enseignantes manquent de rationalité, ou parce qu'elles composent avec d'autres contraintes, peut-être moins dicibles mais d'autant plus difficiles à éviter ?

La contrainte politique : régler les distributions

Au fond, l'équipe pédagogique aux prises avec Les Malheurs de Sophie n'était pas dupe de la situation. Mais une vérité qui contredit nos valeurs a un effet de dissonance cognitive : elle produit un inconfort psychologique qui peut nous inciter aussi bien à interroger nos pratiques qu'à revoir nos idéaux. Les réactions les plus vives exprimèrent d'abord de la déception : « C'est fou… Nous savons tout cela : qu'il faut comprendre ce que ne comprend pas un élève pour l'aider vraiment… qu'il faut le placer dans la situation si un texte ne suffit pas à ce qu'il se la représente intérieurement… » Mais elles tournèrent rapidement à l'indignation : « En fait, nous sommes toujours pressées par le temps : le programme à faire… le manuel à suivre… les évaluations à rendre… Nous allons trop vite, mais pouvons-nous faire autrement ? » Les professionnelles butent alors sur leur conscience malheureuse, un malaise lancinant, l'impression plus ou moins partagée que leur « vrai travail » – celui qu'elles aimeraient d'abord faire – subit des empêchements (Saujat, 2007). Elles savent où elles sentent bien ce que la logique didactique leur demanderait de privilégier en principe, mais aussi en quoi cette logique n'est pas la seule, voire pas la première à les guider effectivement.

Car si le temps manque pour bien faire – ou s'il manque de quoi se donner ce temps librement – ce n'est ni le fait du hasard, ni celui de la nécessité. C'est que des choix politiques contraignent l'activité de l'école, des élèves et des enseignantes, parfois de manière manifeste, parfois à l'insu des acteurs, toujours avec l'accord tacite d'une partie d'entre eux ou de secteurs entiers de l'institution. Cette face du travail scolaire est certainement moins noble que son versant didactique, mais l'ignorer parce qu'elle nous déplaît serait, on le sait, la meilleure façon de lui laisser le champ libre et de renforcer ses effets (Maulini, 2016). Ni la complexité des manuels, ni le volume des programmes, ni le rythme des évaluations ne tombent du ciel : ils sont la résultante de rapports de forces plus ou moins conciliables avec le projet officiel d'instruire également tous les élèves (Gather Thurler et Maulini, 2007). Pour qu'une évaluation soit socialement acceptable, doit-elle être didactiquement féconde, ou répondre à des injonctions d'un autre ordre, produites hors de l'école et endossées par elle plus ou moins sciemment ? Une seconde lecture du livre qui se conclut ici montre qu'au moins trois opérations sont (aussi) à l'œuvre dans l'arrière-plan des premiers apprentissages, moins pour réguler parfaitement les progressions que pour régler légitimement les distributions : aviser, sanctionner, attester, autant de compétences professionnelles délicates à revendiquer, tant elles relèvent d'une fonction régalienne que l'école a tendance à refouler.

Aviser est pourtant la première obligation à assumer. Les enfants entrent certes en classe pour apprendre, mais, dans un État de droit, les familles doivent être averties de ce qui leur arrivera s'ils n'y parvenaient pas finalement. La recherche montre que plus l'emprise sociale des diplômes est forte dans un contexte donné, plus la sélection par l'école est politiquement jugée cruciale, donc formalisée, progressive et anticipée dans les pratiques (Dubet, Duru-Bellat et Vérétout, 2010 ; Garnier et Blanchouin dans cet ouvrage). Pour que les Hautes Écoles n'acceptent qu'une élite resserrée, l'enseignement secondaire doit l'avoir en partie constituée, ce qui impose des mesures de pré-orientation dès le degré primaire et, par cascade, des mises en garde voire des sanctions initiales à l'école première. Par impatience, la détection et le traitement médical de troubles cognitifs peuvent court-circuiter la construction des savoirs pas à pas (Garcia, 2013). On sait que les comparaisons internationales ont incité certains États (Allemagne, Pologne, le canton de Vaud en Suisse) à assouplir leur système de filières pour faire baisser cette pression. Mais ceux qui ont réagi au contraire en durcissant leurs critères d'admission (comme le canton de Genève) doivent ancrer cette contre-réforme dans une mécanique préventive du redoublement, elle-même adossée à des moyennes chiffrées au primaire, et à des appréciations hiérarchisées et codifiées pour chaque discipline dès la première moitié du premier cycle (Maulini, 2012). Sans trop jouer sur les mots, disons que l'évaluation sommative peut revendiquer deux fonctions antagoniques de prévention : officiellement, elle doit prévenir les difficultés ultérieures en agissant par anticipation ; officieusement, elle prévient les acteurs de cet échec possible, en les avisant explicitement et par écrit du retard déjà pris.

Car il faut cet avis pour sanctionner ensuite un échec en le justifiant. Sans sommation préalable, un acte d'autorité peut apparaître brutal, arbitraire, exécuté sans précaution ni avertissement. Aucun citoyen n'est saisissable fiscalement, par exemple, s'il n'a pas reçu d'abord un rappel d'impôts. D'un point de vue juridique, la légitimité de l'école implique celle de ses décisions, donc la reconnaissance par l'usager que sa dignité et ses droits sont respectés (Honneth, 2000). Dans certains pays, les familles sont informées des différentes filières de sélection possibles, puis elles optent elles-mêmes pour telle ou telle option. Dans d'autres, elles choisissent carrément leur école, sur un marché soumis à leurs propres critères d'évaluation. Dans les régions qui redoutent un tel consumérisme, le pouvoir pédagogique doit continuer de s'exercer d'en haut, ce qui implique une solide hiérarchie verticale, un mode bureaucratique d'application des règles, une opacité partielle des critères d'excellence, la capacité du terrain à incarner l'équité d'un État résistant aux pressions. Un commentaire dans un cahier est formateur s'il peut se discuter. Une sanction n'en est une que si elle ne peut pas se contester. Dans ces conditions, on peut comprendre que certaines évaluations soient de plus en plus formalisées, dans des bulletins scolaires à grilles orthogonales et à en-têtes officielles, plutôt que dans des cahiers de liaison et des séries d'émoticônes fabriqués par les enseignantes.

Car il faut pouvoir attester des faits invoqués. Une grille de critères permet d'aviser d'emblée les évalués, un système de croix ou de chiffres de sanctionner ensuite leur progression, positivement ou non. Mais ces deux ressources ne suffisent pas à justifier une position dans un classement. Le verdict de l'école n'est acceptable que s'il repose sur des éléments matériels, des données probantes, des démonstrations. Les parents croient de moins en moins l'enseignant sur parole : ils veulent se faire leur opinion. Les enseignants eux-mêmes souhaitent par ailleurs impliquer l'élève dans l'analyse critique de ses productions. La verticale du pouvoir est une chose, mais les démocraties avancées ne peuvent la sauvegarder qu'en la croisant avec des débats contradictoires entre égaux, arbitrables parce qu'ils sont fondés en raison et instruits par des documents opposables aux spéculations (Rosanvallon, 2011). Ainsi se développent les portfolios et les dossiers d'évaluation, les activités-bilans, les tests écrits, les travaux à signer par les parents, bref, la « traçabilité » de l'apprentissage scolaire dès les premiers degrés. Au-delà d'un certain seuil, l'école peut n'enseigner et ne finir par valoriser que ce qu'elle sait ainsi évaluer. Les professionnelles se plaignent volontiers de la normalisation du premier cycle, mais certaines plaident pour le retour à l'informel et à l'intuition là où d'autres aimeraient conjuguer pragmatisme et transparence, ce qui peut semer la division et ajouter au sentiment de désarroi (Lantheaume et Hélou, 2008). Passe encore que l'école soit sous pression, mais comment faire face si les luttes les plus âpres ont lieu au sein même de l'institution ?

Derrière le faux dilemme : quelle vraie valorisation ?

Résumons la situation. D'un côté, la rationalité didactique plaiderait en faveur d'une école et d'une évaluation tout entières dévouées à des apprentissages donnant très tôt prise aux enfants sur le monde : observer, expliciter et secondariser des activités significatives en situation serait ainsi plus fécond que bureaucratiser le travail scolaire et assécher les interactions en réduisant l'enseignement à des fiches ou à des ateliers, son contrôle à des tests standardisés. Mais par ailleurs, la contrainte politique implique de plus en plus de compétition à anticiper, d'angoisses à apaiser, de comptes à rendre, de signalements nets et précoces à formuler : aviser, sanctionner et attester les lacunes deviennent des compétences professionnelles, certes difficiles à revendiquer, mais dont les enseignantes sont forcées de faire usage quitte à bousculer leurs idéaux philanthropiques. La fonction distributrice de l'évaluation (celle qui produit et légitime la structuration gaussienne des inégalités) a besoin de fermeté régalienne et d'opacité épistémique pour s'imposer : moins elle se voit, plus elle est dans son droit. Mais la fonction correctrice (censée réduire les écarts plutôt que les entériner) implique à l'inverse clarté épistémique et souplesse régalienne : c'est en dédramatisant leurs erreurs et en leur disant la vérité qu'on aide les élèves à progresser. Comme l'affirme Calidani dans son chapitre (et à propos de l'Italie), le compromis s'opère finalement « entre une conception "souple" de l'évaluation, identifiée par l'absence de notation et de documentation formalisée, et une acception "dure", véhiculée par la définition de listes de validation nationales ».

Quel que soit le pays, ce livre montre des chercheurs généralement critiques face à l'évolution des pratiques. Certains choisissent résolument leur camp, en se demandant par exemple « quel serait l'avantage d'introduire les enfants de quatre-cinq ans dans une logique de classement, voire de compétition » (Bouko et Van Lint en Belgique). D'autres apprécient que les « les enseignantes de l'école première évaluent leurs élèves à des fins de régulation de leur enseignement », mais déplorent par contre qu'elles le fassent « prioritairement pour avoir des traces de leurs acquis afin d'en rendre compte auprès des parents, mais aussi de leur hiérarchie » (Veuthey et Marcoux à Genève). La plupart regrettent que « l'exigence d'évaluer les élèves conduise à privilégier une évaluation formelle, "écrite", individuelle, déconnectée des situations d'enseignement/ apprentissage et statique, alors même que les enseignantes estiment que les objectifs prioritaires dans ces degrés relèvent plus de la progression que d'un état donné » (Clerc-Georgy et Truffer Moreau ailleurs en Suisse). Au total, « la technicité des livrets scolaires actuellement en usage à l'école maternelle semble tourner à vide, au sens où elle n'est pas instrumentée par la grande majorité des enseignants pour mieux évaluer les acquis de leurs élèves, sans parler de leurs progrès » (Joigneaux en France). Souci des traces au détriment des pistes, des états au lieu des évolutions, des classements plutôt que des progrès : la forme scolaire à l'œuvre serait contre-productive, à la fois trop pressée de sanctionner et pas assez d'enseigner, donc passant deux fois à côté de ce pourquoi elle fut créée : instruire et rassembler. Les enseignantes seraient les premières à en souffrir, leurs pratiques différant en grande partie de leurs idées.

Le verdict est unanime et difficile à contester. Serions-nous dès lors devant une fatalité ? L'ouvrage qui s'achève montre peu de pratiques innovantes : celles qu'il évoque dateraient plutôt d'anciennes réformes, aujourd'hui victimes d'un retournement de priorité. C'est peut-être que le contexte social est provisoirement trop anxieux pour faire confiance à une école qui ferait confiance au désir de grandir et d'apprendre des enfants. Mais c'est peut-être aussi parce que l'institution a aujourd'hui moins besoin d'être rappelée à ses (vieilles) ambitions que de les penser de manière renouvelée, c'est-à-dire un peu moins enchantée, plus complexe, tenant compte de l'adversité pour affirmer ses ambitions, défendre son bilan, s'autoévaluer.

Nous avons vu en commençant que l'école première pouvait se sentir tiraillée entre deux missions : celle de *protéger* les enfants de leur environnement (en souplesse ?) ; celle de les y préparer au contraire rapidement (et durement ?). Le détour par l'observation des pratiques ordinaires montre que ce dilemme n'est peut-être pas le bon, parce que (1) la prétention didactique est de protéger l'espace-temps de la formation pour préparer soigneusement les élèves à celui de l'action, et (2) la pression politique préfère préparer la jeunesse de plus en plus tôt pour la protéger crûment des périls de la vie et de ses déceptions. Ces deux mouvements veulent apparemment protéger l'enfance, les deux veulent l'inciter à s'élever, mais pas dans le même ordre, pas de la même façon, et en ne pensant peut-être pas aux mêmes dangers, finalement.

Il serait absurde de s'enfermer dans une fausse opposition, une dialectique protection/préparation entérinant les malentendus cognitifs dont l'école et surtout les élèves font les frais régulièrement (Bautier et Rayou, 2009). Hésiter entre *cocooning* et *harassing* serait à coup sûr la meilleure façon de réduire l'école première au statut d'espace de socialisation, donc d'en faire un lieu de maternage ou de dressage ancré dans des normes implicites, organisant quasi naturellement des relations immédiates, sans questions, sans savoirs, sans culture, bref, sans nécessité de parler, de débattre et de raisonner pour vivre en communauté. On peut faire l'hypothèse que l'école sera durablement protectrice si elle prépare au contraire et tout de suite les enfants, non pas à prendre le monde tel qu'il est, mais à interroger, penser, conceptualiser ensemble ce qu'il pourrait être. Se ressaisir des normes est la condition d'un processus réflexif de subjectivation (Touraine, 1995). Nous enferrer dans la fausse alternative de la joie ou de la loi nous ferait donc courir le grave danger de priver les élèves du désir d'être conscients, de comprendre, de reconnaître par eux-mêmes ce qui est bien ou mal, juste ou faux. Un tel objectif peut-il s'évaluer ? Probablement. À condition de vraiment le valoriser.

Bibliographie

Abric, J.-C. (2001). *Pratiques sociales et représentations*. Paris : PUF.

Allal, L. et Lafortune, L. (2008). À la recherche du jugement professionnel. Dans L. Lafortune et L. Allal (dir.), *Jugement professionnel en évaluation : pratiques enseignantes au Québec et à Genève* (pp. 1-10). Québec : PUQ.

Amigues, R. et Zerbato-Poudou, M.-T. (2000). *Comment l'enfant devient élève. Les apprentissages à l'école maternelle*. Paris : Retz.

Ariès, Ph. (1973). *L'enfant et la vie familiale sous l'Ancien Régime*. Paris : Seuil.

Astolfi, J.-P. (2008). *La saveur des savoirs. Disciplines et plaisir d'apprendre*. Paris : ESF.

Bachelard, G. (1940/2005). *La philosophie du « non ». Essai d'une philosophie du nouvel esprit scientifique*. Paris : PUF.

Baldacci, M. (2014). *Per un'idea di scuola*. Milano : Franco Angeli.

Bastide, I. (sous presse). *Enseigner en Toute Petite Section*. Paris : Retz.

Bautier, E. (2001). Préface. Dans M. Libratti et C. Passerieux (dir.), *Le chemin des savoirs en maternelle* (pp. 7-9). Lyon : Chronique sociale.

Bautier, E. (dir.). (2006). *Apprendre à l'école, apprendre l'école : des risques de construction d'inégalités dès la maternelle*. Lyon : Chronique sociale.

Bautier, E. et Goigoux, R. (2004). Difficultés d'apprentissage, processus de secondarisation et pratiques enseignantes : une hypothèse relationnelle. *Revue française de pédagogie*, 148(1), pp. 89-100.

Bautier, E. et Rayou, P. (2009). *Les inégalités d'apprentissage. Programmes, pratiques et malentendus scolaires*. Paris : PUF.

Ben Soussan, P. et Bellas-Cabane, C. (2006). *Pas de zéro de conduite pour les enfants de trois ans*. Toulouse : Erès.

Bennett, J. (2009). « Les systèmes éducatifs et de garde de la petite enfance dans les pays de l'OCDE : une question de tradition et de gouvernance », dans R.E. Tremblay, R.G. Barr, R.DeV. Peters et M. Boivin (dir.), *Encyclopédie sur le développement des jeunes enfants* (pp. 1-6). Repéré sur le site du Centre d'excellence pour le développement des jeunes enfants : http://www.Enfantencyclopedie.com/documents/BennettFRxp.pdf.

Bernstein, B. (1975). *Classes et pédagogies : visible et invisible*. Paris : CERI-OCDE.

Bertolini, P. (1995). *Dizionario di Pedagogia*. Bologna : Zanichelli.

Beswick, J.F., Sloat, E.A. et Willms, J.D. (2008). "Four educational myths that stymie social justice". *The educational forum,* 72(2), pp. 115-128.

Black, P. et Wiliam, D. (2009). "Developing the theory of formative assessment". *Educational assessment, evaluation and accountability*, 21, pp. 5-31.

Bloom, B.S. (1969). *Taxonomie des objectifs pédagogiques.* Montréal : Éducation nouvelle.

Bodrova, E. et Leong, D. (2011). *Les outils de la pensée L'approche vygotskienne dans l'éducation à la petite enfance*. Québec : PUQ.

Boltanski, L. (2009). *De la critique. Une sociologie de l'émancipation.* Paris : Gallimard.

Boltanski, L. et Chiapello, E. (1999). *Le nouvel esprit du capitalisme*. Paris : Gallimard.

Boltanski, L. et Thévenot, L. (1991). *De la justification. Les économies de la grandeur*. Paris : Gallimard.

Bondioli, A. et Ghedini, P.O. (2000). *La qualità negoziata*. Azzano San Paolo (BG) : Edizioni Junior.

Bouko, C., Kahn, S., Rey, B. et Van Lint, S. (2011). *Analyse des causes et conséquences du maintien en troisième maternelle en Communauté française de Belgique* (Article de synthèse). Repéré sur le site de l'Enseignement en fédération Wallonie-

Bruxelles, à http://www.enseignement.be/index.php?page=26044&id_fiche=5517&dummy=26589.

Bouysse, V., Claus, P. et Szymankiewicz, C. (2011). *L'école maternelle* (Rapport n° 2011-108). IGEN/IGAENR.

Brissiaud, R. (2003). *Comment les enfants apprennent à calculer. Le rôle du langage, des représentations figurées et du calcul dans la conceptualisation des nombres.* Paris : Retz.

Brissiaud, R. (2007). *Premiers pas vers les maths. Les chemins de la réussite à l'école maternelle.* Paris : Retz.

Bronckart, J.-P. (1996). *Activité langagière, textes et discours. Pour un interactionnisme sociodiscursif.* Neuchâtel : Delachaux et Niestlé.

Brougère, G. (1995). *Jeu et éducation.* Paris : L'Harmattan.

Bruner, J.S. (1983). *Savoir faire savoir dire. Le développement de l'enfant.* Paris : PUF.

Butera, F., Buchs, C. et Darnon, C. (2011). *L'évaluation, une menace ?* Paris : PUF.

Caille, J.-P. (2001). « Scolarisation à deux ans et réussite de la carrière scolaire au début de l'école élémentaire », *Éducation et formations*, 60, pp. 7-18.

Cain, K. et Oakhill, J. (1996). "The nature of the relationship between comprehension skill and the ability to tell a story", *British journal of developmental psychology*, 14(2), pp. 187-201.

Cambi, F. (dir.). (1998). *Nel conflitto delle emozioni. Prospettive pedagogiche.* Roma : Armando.

Cèbe, S. (2000). *Développer la conceptualisation et la prise de conscience métacognitive à l'école maternelle : effets sur l'efficience scolaire ultérieure du CP au CÉ2. Une contribution à la prévention de l'échec scolaire des élèves de milieux populaires* (Thèse de doctorat). Université de Provence à Aix-en-Provence.

Cèbe, S. et Goigoux, R. (2005). « Quelles pratiques d'enseignement pour compenser les inégalités sociales en grande section de maternelle », dans L. Talbot (dir.), *Pratiques d'enseignement et élèves en difficulté* (pp. 192-205). Toulouse : Érès.

Centre de recherche de l'éducation spécialisée et de l'adaptation scolaire (CRESAS) (1974). *Pourquoi les échecs scolaires dans les premières années de la scolarité ? Recherches sur les rôles respectifs des caractéristiques individuelles des enfants, de leur origine sociale et de l'institution scolaire* (Recherches pédagogiques no 68). Paris : INRDP.

Chamboredon, J.-C. et Prévot, J. (1973). « Le métier d'enfant. Définition sociale de la prime enfance et fonctions différentielles de l'école maternelle », *Revue française de sociologie*, 14(3), pp. 295-335.

Charlier, E. et Dejean, K. (2010). « Une démarche réflexivité organisationnelle », dans M. Gather Thurler (dir.), *Construction, diffusion et valorisation des savoirs d'innovation*. Bruxelles : De Boeck.

Chenu, F., Dupont, V., Lejong, M., Staelens, V., Hyndrickx, G. et Grisay, A. (2011). *Analyse des causes et conséquences du maintien en 3e maternelle* (Rapport final). Repéré sur le site de l'Enseignement en fédération Wallonie-Bruxelles, à : http://www.enseignement.be/download.php?do_id=9191&do_check=.

Christakis, E. (2016, janvier/février). "The new preschool is crushing kids. Today's young children are working more, but they're learning less", *The Atlantic*. Repéré à http://www.theatlantic.com/magazine/archive/2016/01/the-new-preschool-is-crushing-kids/419139/

Clerc, A. (2013). *Rôle des savoirs théoriques de référence dans les parcours de formation des futurs enseignants des premiers degrés de la scolarité* (Thèse de doctorat). Université de Genève.

Clerc, A. et Truffer Moreau, I. (2010). Les enjeux des premiers degrés de la scolarité : apprentissages fondamentaux et pratiques enseignantes. *Éducateur*, 12, pp. 34-35.

Clerc-Georgy, A., Truffer Moreau, I. et Breithaupt, S. (2015). « Quand l'évaluation tue le jeu », dans M. Neumayer et E. Vellas (dir.), *Évaluer sans noter. Éduquer sans exclure* (pp. 82-92). Lyon : Chronique sociale.

Collectif (2012). *Le livret scolaire de l'école primaire. Maternelle.* Paris : CNDP.

Conférence suisse des directeurs cantonaux de l'instruction publique (CDIP) (2014). *Enquête 2014-2015*. Repéré à http://www.ides.ch/dyn/16272.php

Conférence intercantonale de l'instruction publique de la Suisse romande et du Tessin (CIIP) (2007). *L'école dès quatre ans* (Bulletin de la CIIP n° 20). Neuchâtel : CIIP.

Conférence intercantonale de l'instruction publique de la Suisse romande et du Tessin (CIIP) (2010a). *Plan d'études romand : présentation générale*. Neuchâtel : CIIP.

Conférence intercantonale de l'instruction publique de la Suisse romande et du Tessin (CIIP) (2010b). *Plan d'études romand : Mathématiques et Sciences de la nature-Sciences humaines et sociales*. Neuchâtel : CIIP.

Conférence suisse des directeurs cantonaux de l'instruction publique (CDIP) (2007). *Accord intercantonal du 14 juin 2007 sur l'harmonisation de la scolarité obligatoire (concordat HarmoS)*. Berne : CDIP.

Conférence suisse des directeurs cantonaux de l'instruction publique (CDIP) (1992). *Objectifs et activités préscolaires*. Berne : CDIP.

Crahay, M. (1998). « L'échec, un problème de culture pédagogique ? », *Éducateur*, 5, pp. 8-10.

Crahay, M. (2009). « Synthèse et conclusions », dans Eurydice (dir.), *L'éducation et l'accueil des jeunes enfants en Europe : réduire les inégalités sociales et culturelles* (pp. 129-144). Bruxelles : Eurydice.

Crahay, M. et Dutrévis, M. (2012). *Prévention de l'échec scolaire par l'éducation préprimaire* (Carnets des sciences de l'éducation). Genève : Université de Genève.

Crahay, M., Verschaffel, L., De Corte, E. et Grégoire, J. (2005). *Enseignement et apprentissage des mathématiques.* Bruxelles : De Boeck.

Crinon, J., Espinosa, N., Gremmo, M.-J., Jarlégan, A., Kreza, M. et Leclaire-Halté, A. (2015). « Clarté cognitive et apprentissage du lire-écrire au CP : quelles pratiques enseignantes ? », *Pratiques,* 165-166. Repéré à http://pratiques.revues.org/2586.

Dahlberg, G., Moss, P. et Pence, A. (2012). *Au-delà de la qualité. Les langages de l'évaluation.* Toulouse : Érès.

Delhaxe, A. (1988). « Ce que pensent les institutrices de l'approche fonctionnelle de l'écrit à l'école maternelle », *Revue française de pédagogie,* 85(1), pp. 55-62.

Desgagné, S. et Bednarz, N. (2005). « Médiation entre recherche et pratique en éducation : faire de la recherche « avec » plutôt que « sur » les praticiens », *Revue des sciences de l'éducation,* 31(2), pp. 245-258.

Desgagné, S., Bednarz, N., Lebuis, P., Poirier, L. et Couture, C. (2001). « L'approche collaborative de recherche en éducation : un nouveau rapport à établir entre recherche et formation », *Revue des sciences de l'éducation,* 27(1), pp. 33-64.

Direction de l'enseignement et de la scolarité (2011). *Compétences indispensables de fin de 2ᵉ primaire.* Genève : Direction de l'enseignement et de la scolarité.

Direction de l'instruction publique du canton de Berne (DIP) (2013). *Informations destinées aux parents. Évaluation et décisions d'orientation dans l'enseignement obligatoire et passage au degré secondaire I.* Berne : DIP.

Direction générale de l'organisation des études (dir.) (1974). *La réforme de l'enseignement préscolaire. Tomes 1, 2, 3, 4, 5.* Bruxelles.

Domenici, G. (2009). *Ragioni e strumenti della valutazione*. Napoli : Tecnodid.

Domenici, G. (2012). "Valutazione e autovalutazione come risorse aggiuntive nei processi di istruzione", *Education Sciences & Society*, 1, pp. 69-82.

Donnay, J. (2001). « Chercheur, praticien même terrain ? », *Recherches qualitatives*, 22, pp. 34-53.

Dubet, F. (2002). « Pourquoi ne croit-on pas les sociologues ? », *Éducation et sociétés*, 9, pp. 13-25.

Dubet, F., Duru-Bellat, M. et Vérétout, A. (2010). *Les sociétés et leur école. Emprise du diplôme et cohésion sociale.* Paris : Seuil.

Duru-Bellat, M. (2003). *Les inégalités sociales à l'école. Genèse et mythes*. Paris : PUF.

Dutercq, Y. et Cuculou, S. (2013). « La performance comme outil de gouvernance. Quelles conséquences sur le travail des enseignants de l'école primaire ? », dans C. Maroy (dir.), *L'école à l'épreuve de la performance. Les politiques de régulation par les résultats* (pp. 195-210). Bruxelles : De Boeck.

Dweck, C. (2000). *Self-theories : their role in motivation, personality, and development.* Philadelphia : Taylor & Francis Psychology Press.

Ehri, L.C. (2002). "Phases of acquisition in learning to read words, and implications for teaching", *British journal of educational psychology (monograph series)*, 2(1), pp. 7-28.

Elias, C.L. et Berk, L.E. (2002). "Self-regulation in young children : Is there a role for sociodramatic play ?", *Early childhood research quarterly, 17*(2), 216-238.

Epstein, A.S., Schweinhart, L.J., De Bruin-Parecki, A. et Robin, K.B. (2004). *Preschool assessment : A guide to developing a balanced approach* (NIEER policy brief, issue 7). New Brunswick, NJ : National Institute for Early Childhood Research.

Eurydice (dir.) (1994). *L'enseignement préscolaire et primaire dans l'Union européenne.* Bruxelles : Eurydice.

Eurydice (dir.) (2009). *L'éducation et l'accueil des jeunes enfants en Europe : réduire les inégalités sociales et culturelles*. Bruxelles : Eurydice.

Fabbri, L., Striano, M. et Melacarne, C. (2008). *L'insegnante riflessivo. Coltivazione e trasformazione delle pratiche professionali*. Milano : Franco Angeli.

Fernandez, J. (1988). *Réussir une activité de formation*. Montréal : Les Éditions coopératives Albert Saint-Martin.

Ferreiro, E. (2000). *L'écriture avant la lettre*. Paris : Hachette Éducation.

Florin, A. (2004). *Les modes de garde à deux ans. Qu'en dit la recherche ?* (Rapport de synthèse pour le PIREF). Repéré sur le site du ministère de l'Éducation nationale, à http://cache.media.eduscol.education.fr/file/maternelle_moins_de_3_ans/71/4/rapport_Agnes_Florin_Modes_de_garde_deux_ans_vd_238714.pdf.

Fourez, G. (2009). *Apprivoiser l'épistémologie*. Bruxelles : De Boeck.

Galtier, B. (dir.) (2013, octobre). *Bien-être des jeunes enfants dans l'accueil et l'éducation en France et ailleurs*. Actes du colloque organisé par la Direction de la recherche des études, de l'évaluation et des statistiques et le Centre d'analyse stratégique, Paris.

Garcia, S. (2013). *À l'école des dyslexiques. Naturaliser ou combattre l'échec scolaire ?* Paris : La Découverte.

Garnier, P. (2005). *Faire la classe à plusieurs. Maîtres et partenariats à l'école élémentaire*. Rennes : PUR.

Garnier, P. (2009). « Préscolarisation ou scolarisation ? L'évolution institutionnelle et curriculaire de l'école maternelle », *Revue française de pédagogie*, 169, pp. 5-15.

Garnier, P. (2010a). « Co-éduquer à l'école maternelle : une pluralité de significations », dans S. Rayna, M.N. Rubio et H. Scheu (dir.), *Parents-professionnels : la coéducation en question* (pp. 119-126). Toulouse : Érès.

Garnier, P. (2010b). « Transformations de la collaboration entre enseignants et personnel de service à l'école maternelle : entre principes et pratiques », *Revue des sciences de l'éducation. Pour l'ère nouvelle,* (43)1, pp. 101-119.

Garnier, P. (2012a). « La maternelle et les inégalités sociales : retour sur 40 ans d'enquêtes statistiques », *Diversité,* 170, pp. 67-73.

Garnier, P. (2012b). « Collaborer avec les parents : une préoccupation des professeurs des écoles stagiaires ? », *Recherche et formation,* 60, pp. 35-50.

Garnier, P. (2013). « Produits éducatifs et pratiques familiales à l'âge de la maternelle : l'exemple des cahiers d'activités parascolaires », *La revue internationale de l'éducation familiale,* 34, pp. 133-149.

Garnier, P. (2016). *Sociologie de l'école maternelle.* Paris : PUF.

Garnier, P., Kherroubi, M. et Monceau, G. (2008). « Sur la coopération école-familles : les perspectives ouvertes », dans M. Kherroubi (dir.), *Des parents dans l'école* (pp. 206-216). Paris : Érès et Fondation de France.

Garnier, P., Rayna, S., Brougère, G. et Rupin, P. (2016). *Quelle vie collective pour les enfants de 2-3 ans ?* Toulouse : Érès.

Gather Thurler, M. et Maulini, O. (dir.) (2007). *L'organisation du travail scolaire. Enjeu caché des réformes ?* Québec : PUQ.

Gauthier, C., Bissonnette, S., Richard, M. et Castonguay, M. (2013). *Enseignement explicite et réussite des élèves. La gestion des apprentissages.* Paris : De Boeck.

Gilliéron Giroud, P. et Meyer, A. (2014, janvier). *Prescriptions officielles et outils d'évaluation des apprentissages à l'école enfantine en Suisse romande.* Symposium conduit au 26e colloque de l'ADMEE, Marrakech.

Gilliéron Giroud, P. et Ntamakiliro, L. (dir.). (2010). *Réformer l'évaluation scolaire : mission impossible ?* Berne : Peter Lang.

Gilliéron Giroud, P. et Tessaro, W. (2009). « L'évaluation en classe en Suisse romande : des politiques aux pratiques enseignantes », *Mesures et évaluation en éducation*, 32(3), pp. 47-76.

Gilliéron Giroud, P., Meyer, A. et Veuthey, C. (2013). « Scolarisation des enfants de 4 et 5 ans en Suisse romande. Les spécificités des pratiques d'évaluation en question. Les cas du canton de Vaud et du canton de Genève », *Éducation et socialisation*, 34 [en ligne]. Repéré à http://edso.revues.org/400.

Gilliéron Giroud, P., Meyer, A. et Veuthey, C. (2014). *Pratiques déclarées d'enseignement et d'évaluation dans les premières années scolaires. Les spécificités de l'école enfantine en question* (Rapport URSP n° 158). Renens : Unité de recherche pour le pilotage des systèmes pédagogiques.

Gosling, P. (1992). *Qui est responsable de l'échec scolaire ? Responsabilités sociales, attributs et rôle d'enseignants.* Paris : PUF.

Grange, T. (2014). "Ricerca educativa e pratica professionale : una prospettiva dialogica", dans M. Corsi (dir.), *La ricerca pedagogica in Italia. Tra innovazione e internazionalizzazione* (pp. 183-189). Lecce : Pensa Multimedia.

Greyson, E. (1896). *L'enseignement public en Belgique. Histoire et exposé de la législation.* Bruxelles : Charles Rosez.

Grootaers, D. (dir.) (1998). *Histoire de l'enseignement en Belgique.* Bruxelles : Centre de recherche et d'information sociopolitiques (CRISP).

Hadji, Ch. (2012). *Faut-il avoir peur de l'évaluation ?* Bruxelles : De Boeck.

Herbinière-Lebert, S. et Léandri, F. (1954). *Activité enfantine à l'école maternelle française. L'école maternelle française et l'esprit international.* Pantin : Comité français pour l'éducation préscolaire.

Honneth, A. (2000). *La lutte pour la reconnaissance.* Paris : Cerf.

Institut de recherche et de documentation pédagogique (IRDP) (1993). *Une école enfantine : pourquoi ?* Neuchâtel : IRDP.

Institut de Statistique de l'UNESCO (ISU) (2012). *Recueil de données mondiales sur l'éducation 2012. Opportunités perdues : impact du redoublement et du départ prématuré de l'école*. Paris : UNESCO Publishing.

Joigneaux, C. (2009). « La construction de l'inégalité scolaire dès l'école maternelle », *Revue française de pédagogie*, 169, pp. 17-28.

Joigneaux, C. (2013). « Littératie, forme et inégalités scolaires : le cas de la "scolarisation" de l'école maternelle ». *Le français aujourd'hui,* 183, pp. 41-50.

Joigneaux, C. (2014). La diffusion des fiches à l'école maternelle. *Spirale*, 55, pp. 57-65.

Joigneaux, C. (2015). « Les élèves de maternelle face aux fiches », dans S. Bonnéry (dir.), *Supports pédagogiques et inégalités scolaires. Études sociologiques* (pp. 83-108). Paris : La Dispute.

Kaga, Y., Benett, J. et Moss, P. (2010). *Caring and learning together. À cross national study on the integration of early childhood care and education within education*. Paris : UNESCO.

Kagan, D.M. (1992). Implications of research on teacher belief. *Educational psychologist*, 27(1), pp. 65-90.

Kahn, S. (2010). « Les réformes contre le redoublement ou les limites des recherches non collaboratives », *Recherches en éducation*, hors-série n° 1, pp. 71-84.

Kergomard, P. (1886/2009). *L'éducation maternelle dans l'école.* Paris : Fabert.

Kherroubi, M. et Rochex, J.-Y. (2004). « La recherche en éducation et les ZEP en France. 2. Apprentissages et exercice professionnel en ZEP : résultats, analyses, interprétations », *Revue française de pédagogie,* 146(1), pp. 115-190.

Lantheaume, F. et Hélou, Ch. (2008). *La souffrance des enseignants. Une sociologie pragmatique du travail enseignant*. Paris : PUF.

Laparra, M. et Margolinas, C. (2011). « Quand les maîtres contribuent à leur insu à renforcer les difficultés des élèves », dans J. Crinon et J.-Y. Rochex (dir.), *La construction des inégalités scolaires* (pp. 111-130). Rennes : PUR.

Lapointe, J.J. (1992). *La conduite d'une étude de besoins en éducation et en formation*. Sillery : PUQ.

Lawrence-Wilkes, L. et Ashmore, L. (2014). *The reflective practitioner in professional education*. New York, NY : Palgrave.

Leitch, R. et Day, C. (2000). "Action research and reflective practice : towards a holistic view", *Educational action research*, 8(1), pp. 179-193.

Leprince, F. (2003). *L'accueil des jeunes enfants en France : état des lieux et pistes d'amélioration*. Paris : Haut Conseil de la population et de la famille.

Ligue de l'enseignement (dir.) (1946). *Document n° 120. Réforme de l'enseignement public belge*. Bruxelles : Service des publications de la ligue de l'enseignement.

Lippitt, R. et White, R. (1978). « Une étude expérimentale du commandement et de la vie des groupes », dans A. Lévy (dir.), *Psychologie sociale. Textes fondamentaux anglais et américains* (pp. 278-292). Paris : Dunod.

Lock, C. et Munby, H. (2000). "Changing assessment practices in the classroom : a study of one teacher's challenge", *The Alberta journal of educational research*, 56, pp. 267-279.

Luc, J.N. (1982). *La petite enfance à l'école, XIXe-XXe siècles*. Paris : INRP.

Luc, J.N. (1997). *L'invention du jeune enfant au XIXe siècle. De la salle d'asile à l'école maternelle*. Paris : Belin.

Mager, R.F. (1971). *Comment définir des objectifs pédagogiques*. Paris : Gauthier-Villas.

Makdissi, H. (2004). *Le développement des relations causales exprimées par des enfants d'âge préscolaire dans un contexte de récit fictif lu par l'adulte* (Thèse de doctorat). Université Laval, Québec.

Marcon, R.A. (2002). "Moving up the grades : Relationship between preschool model and later school success", *Early childhood research and practice*, 4(1), pp. 1-24.

Marcoux, G. et Crahay, M. (2008). « Mais pourquoi continuent-ils à faire redoubler ? Essai de compréhension du jugement des enseignants concernant le redoublement », *Revue suisse des sciences de l'éducation*, 30(3), pp. 501-518.

Margolinas, C. et Wozniak, F. (2012). *Le nombre à l'école maternelle. Une approche didactique*. Bruxelles : De Boeck.

Maroy, C. (2011). « Imputabilité », Dans P. Rayou et A. van Zanten (dir.), *Les 100 mots de l'éducation* (pp. 47-48). Paris : PUF.

Massa, R. (2004). *La clinica della formazione. Un'esperienza di ricerca*. Milano : Franco Angeli.

Masson, O. (1880). *L'école Frœbel. Histoire d'un jardin d'enfants, simples récits pour servir de guide aux mères de famille et aux institutrices des écoles gardiennes et des salles d'asile*. Bruxelles : H. Thiry et F. Claassen.

Maulini, O. (2005). « Testez votre efficacité ! », *Éducateur*, 6. Repéré à http://www.unige.ch/fapse/SSE/teachers/maulini/charlemagne0506.htm.

Maulini, O. (2012). « Resserrer ou justifier les classements ? L'évaluation scolaire entre deux injonctions », *Diversité Ville-École-Intégration*, 169. Repéré à http://www.unige.ch/fapse/SSE/teachers/maulini/publ-1201.pdf.

Maulini, O. (2016). *Les pratiques ordinaires et leurs écrans. Pourquoi et comment étudier la face cachée du métier d'enseignant ?* Genève : Université de Genève.

Meirieu, P. (2009). « École maternelle, école première », dans C. Passerieux (dir.), *La maternelle. Première école, premiers apprentissages* (pp. 49-64). Lyon : Chronique sociale.

Merkelbach, C. et Riesen, W. (2013). *Procédures d'évaluation du travail des élèves dans le canton de Berne. École enfantine (1re - 2e).* Tramelan : DIP, SREP.

Mezirow, J. (1997). "Transformative learning : theory to practice". *New directions for adult and continuing education*, 74, pp. 5-12.

Ministère de l'Éducation de la Communauté française de Belgique (1997). *Décret définissant les missions prioritaires de l'enseignement fondamental et de l'enseignement secondaire et organisant les structures propres à les atteindre.* Bruxelles.

Ministère de l'Éducation de la Communauté française de Belgique (1999). *Socles de compétences. Enseignement fondamental et premier degré de l'enseignement secondaire.* Bruxelles.

Ministère de l'Éducation nationale (MEN) (1986). *L'école maternelle, son rôle et ses missions.* Paris : MEN/CNDP.

Ministère de l'Éducation nationale (MEN) (2008). *Programmes de l'école maternelle : petite section, moyenne section, grande section* (Bulletin officiel hors-série n° 3 du 19 juin 2008). Paris : MEN.

Ministère de l'Éducation nationale (MEN) (2010). *Outils d'aide à l'évaluation des acquis des élèves à la fin de l'école maternelle.* Paris : MEN/DGESCO.

Ministère de l'Éducation nationale (MEN) (2013). *Consultation nationale sur les programmes de l'école primaire. Rapport de synthèse nationale.* Paris : MEN/DGESCO.

Ministère de l'Éducation nationale (MEN) (2015). *Programmes de l'école maternelle* (Bulletin officiel spécial n° 2 du 26 mars 2015). Paris : MEN.

Ministère de l'Éducation nationale et de la Culture (1963). *L'enseignement gardien.* Bruxelles : L'enseignement en Belgique.

Ministère de l'Éducation nationale, de l'Enseignement supérieur et de la Recherche (MENESR) (2013). *Repères et références statistiques sur les enseignements, la formation et la recherche (RERS 2013)*. Paris : MENESR.

Ministère de l'Éducation, de la Recherche et de la Formation (1985). *Programme des activités : Enseignement préscolaire de la Communauté française.* Bruxelles.

Ministère de l'Éducation, de la Recherche et de la Formation (1995). *À l'école fondamentale. Les enjeux avant six ans.* Bruxelles.

Ministère de l'Instruction publique (1890). *Règlement et programme type pour les écoles gardiennes.* Bruxelles.

Ministère de l'Instruction publique (1927). *Programme des activités à l'école gardienne.* Bruxelles.

Ministère de l'Instruction publique (1950). *Plan des activités éducatives à l'école gardienne.* Bruxelles.

Ministero dell'Istruzione, dell'Università e della Ricerca (MIUR)/ Unità Italiana di Eurydice (INDIRE) (2014). *The Italian Education System* (I Quaderni di Eurydice n° 30). Firenze : INDIRE.

Mintz, S. (2012). Why the history of childhood matters. *The journal of the history of childhood and youth*, 5(1), pp. 15-28.

Morais, J. (1994). *L'art de lire*. Paris : Odile Jacob.

Morel, S. (2012). « Les professeurs des écoles et la psychologie. Les usages sociaux d'une science appliquée », *Sociétés contemporaines*, 85, pp. 133-149.

Mottier Lopez, L. (2015). *Évaluations formative et certificative des apprentissages. Enjeux pour l'enseignement.* Bruxelles : De Boeck.

Muijs, D. et Reynolds, D. (2007). *Effective Teaching. Evidence and Practice*. London : Sage.

Nonnon, E. (2013). « Les pratiques orales, pierre d'achoppement pour l'évaluation et la standardisation », *Éducateur, 1*, 9-11.

Paul, J.-J. et Troncin, T. (2004). *Les apports de la recherche sur l'impact du redoublement comme moyen de traiter les difficultés scolaires au cours de la scolarité obligatoire* (Rapport établi à la demande du Haut Conseil de l'évaluation de l'école, n° 14). Paris : Haut Conseil de l'évaluation de l'école.

Pellerey, M. (1998). *L'agire educativo La pratica pedagogica tra modernità e postmodernità*. Roma : LAS.

Périsset Bagnoud, D. (2007). « Missions et activités de l'école première : de la fonction au discours », dans M. Bolsterli et O. Maulini (dir.), *L'entrée dans l'école* (pp. 23-37). Bruxelles : De Boeck.

Perraudeau, M. (2006). *Les stratégies d'apprentissage : comment accompagner les élèves dans l'appropriation des savoirs*. Paris : Armand Colin.

Perrenoud, P. (1984). *La fabrication de l'excellence scolaire*. Genève : Droz.

Perrenoud, Ph. (1998). *L'évaluation des élèves. De la fabrication de l'excellence à la régulation des apprentissages. Entre deux logiques*. Bruxelles : De Boeck.

Perrenoud, Ph. (1999). « Le rôle de l'école première dans la construction de compétences », *Revue préscolaire*, 38(2), pp. 6-11.

Perrenoud, Ph. (2011). *Quand l'école prétend préparer à la vie… Développer des compétences ou enseigner d'autres savoirs ?* Paris : ESF.

Perrenoud, Ph. (2013). « Est-il parfois trop tôt pour évaluer ? », *Éducateur*, 1, pp. 15-16.

Plaisance, E. et Rayna, S. (1997). « L'éducation préscolaire aujourd'hui : réalités, questions et perspectives », *Revue française de pédagogie*, 119(1), pp. 107-139.

Pourtois, J.P., Desmet, H. et Humbeeck, B. (2013). « La recherche-action, un instrument de compréhension et de changement du monde », *Recherches qualitatives (Hors-série)*, 15, pp. 25-35.

Rancière, J. (1998). *Au bord du politique*. Paris : La Fabrique.

Rayna, S. et Bouve, C. (dir.) (2013). *Petite enfance et participation. Une approche démocratique de l'accueil.* Toulouse : Érès.

Rouiller, Y. (1998). « L'évaluation formative à l'école : quelle place pour la régulation interactive ? », *Travaux neuchâtelois de linguistique,* 29, pp. 119-133.

Ropé, F. et Tanguy, L. (2000). « Le modèle des compétences : système éducatif et entreprise », *L'Année sociologique,* 50(2), pp. 493-520.

Rosanvallon, P. (2011). *La société des égaux.* Paris : Seuil.

Saada-Robert, M., Auvergne, M., Balslev, K., Claret-Girard, V., Mazurczak, K. et Veuthey, C. (2003). *Écrire pour lire dès quatre ans. Didactique de l'entrée dans l'écrit* (Cahiers de la section des sciences de l'éducation n° 100). Genève : Université de Genève.

Saujat, F. (2007). « Enseigner, un travail », dans V. Dupriez et G. Chapelle (dir.), *Enseigner* (pp. 179-188). Paris : PUF.

Schön, D.A. (1983). *The Reflective Practitioner.* London : Temple Smith.

Service de la recherche en éducation (SRED) (2011). *L'enseignement à Genève : indicateurs clés du système genevois d'enseignement et de formation.* Genève : SRED.

Silberglitt, B., Jimerson, S.R., Burns, M.K. et Appleton, J.J. (2006). "Does the timing of grade retention make a difference ? Examining the effects of early versus later retention", *School psychology review,* 35(1), pp. 134-141.

Soussi, A., Ducrey, F., Ferrez, E., Nidegger, C. et Viry, G. (2006). *Pratiques d'évaluation : ce qu'en disent les enseignants (à l'école obligatoire et dans l'enseignement post-obligatoire général).* Genève : SRED.

Suchaut, B. (2008, janvier). *Le rôle de l'école maternelle dans les apprentissages et la scolarité des élèves.* Communication présentée à la Conférence pour l'Association Générale des Enseignants des Écoles et classes maternelles publiques (AGEEM), Bourges, France.

Tochon, F.V. (1996). « Rappel stimulé, objectivation clinique, réflexion partagée. Fondements méthodologiques et application pratique de la rétroaction vidéo en recherche et en formation », *Revue des sciences de l'éducation*, 22(3), pp. 467-502.

Tomchin, E.M. et Impara, J.C. (1992). "Unravelling teacher's beliefs about grade retention". *American educational research journal*, 29(1), pp. 199-223.

Touraine, A. (1995). « L'école du Sujet », dans A. Bentolila (dir.), *Savoirs et savoir-faire* (pp. 135-154). Paris : Nathan.

Trabasso, T. et Magliano, J.P. (1996). "How do children understand what they read and what can we do to help them ?", dans M. Graves, P.W. van den Broek et B. Taylor (dir.), *The first R : A right of all children* (pp. 158-181). New York : Teachers College, Columbia University Press.

Trabasso, T. et Stein, N.L. (1997). "Narrating, representing, and remembering event sequences". Dans P.W. van den Broek, P.J. Bauer et T. Bourg (dir.), *Developmental span in event comprehension and representation. Bridging fictional and actual events* (p. 237-270). Mahwah, NJ : Erlbaum.

Van Calcar, E. (1882). *Méthode Frœbel, le bonheur de l'enfance*. Gand : Librairie générale de Ad. Hoste.

Van den Berg, R. (2002). "Teachers' meanings regarding educational practice". *Review of educational research*, 72(4), pp. 577-625.

Varisco, B.M. (2004). *Portfolio. Valutare gli apprendimenti e le competenze*. Roma : Carocci.

Vause, A. (2009). « Les croyances et connaissances des enseignants à propos de l'acte d'enseigner. Vers un cadre d'analyse ». *Les cahiers de recherche en éducation et formation*, 66.

Vertecchi, B. (2003). *Manuale della valutazione. Analisi degli apprendimenti e dei contesti*. Milano : Franco Angeli.

Veuthey, C. (2011, septembre). *Scolariser des enfants dès 4 ans : tensions entre attentes et conséquences*. Actes du Colloque CERFEE-LIRDEF 2011, Montpellier.

Veuthey, C. (2013, août). *Pratiques d'évaluation en première année de la scolarité obligatoire à Genève : un « dossier » au service du rendre compte*. Communication présentée au Congrès de l'AREF 2013, Montpellier.

Vinatier, I., Filliettaz, L. et Kahn, S. (dir.) (2012). « Enjeux, formes et rôles des processus collaboratifs entre chercheurs et professionnels de la formation : pour quelle efficacité », *Travail et apprentissage*, n° 9. France : Éditions Raison et passions.

Vincent, G. (1994). *L'éducation prisonnière de la forme scolaire. Scolarisation et socialisation dans les sociétés industrielles*. Lyon : PUL.

Vygotski, L.S. (1928-1931/2014). *Histoire du développement des fonctions psychiques supérieures*. Paris : La Dispute.

Vygotski, L.S. (1934/1997). *Pensée et langage*. Paris : La Dispute.

Vygotski, L.S. (1935/1995). « Apprentissage et développement à l'âge préscolaire », *Société française*, 2(52), pp. 35-45.

Vygotsky, L.S. (1933/1978). *Mind in society. The development of higher psychological processes*. Cambridge, MA : Harvard University Press.

Wannack, E., Sörensen Criblez, B. et Gilliéron Giroud, P. (2006). *Un début plus précoce de la scolarité en Suisse. État de situation et conséquences* (Études + rapports 26B). Berne : Conférence suisse des directeurs cantonaux de l'instruction publique (CDIP).

Wedwen, P., Winter, J. et Broadfoot, P. (2009). *Valutazione per l'apprendimento nella scuola*. Trento : Erickson.

Weiss, J. (1996). *Vers une conception cohérente de l'évaluation pour la scolarité obligatoire en Suisse romande et au Tessin*. Neuchâtel : Institut de recherche et de documentation pédagogique (IRDP).

Witmer, S.M., Hoffman, L.M. et Nottis, K.E. (2004). "Elementary teachers' beliefs and knowledge about grade retention : How do we know what they know ?", *Education*, 125(2), pp. 173-193.

Présentation des auteurs

Aline BLANCHOUIN est docteure en sciences de l'éducation, professeure agrégée, formatrice à l'École supérieure de l'éducation et du professorat de l'académie de Créteil (France) pour les enseignants du premier degré (école maternelle et élémentaire). Ses travaux de recherches portent principalement sur les pratiques professionnelles des professeurs des écoles, dans la perspective d'une analyse didactique de leur activité centrée sur ses temporalités et leur polyvalence.
Courriel : aline.blanchouin@u-pec.fr

Charlotte BOUKO est chercheuse au Centre de recherche des sciences de l'éducation de l'Université libre de Bruxelles (Belgique). Les recherches auxquelles elle a participé portent sur le maintien à l'école maternelle, le rapport au savoir des élèves dans l'enseignement maternel, les doxas pédagogiques. Elle a été conseillère pédagogique pendant quatre ans dans l'enseignement fondamental et est actuellement inspectrice pédagogique dans l'enseignement secondaire artistique et dans l'enseignement de promotion sociale.
Courriel : chbouko@ulb.ac.be

Paolo CALIDONI a été enseignant et inspecteur du ministère de l'Instruction italienne. Il est actuellement professeur ordinaire de didactique et recherche éducative à l'Université de Sassari (Italie). Ses recherches concernent la pédagogie, la didactique, l'évaluation et les politiques scolaires dans le cadre de l'instruction fondamentale.
Courriel : calidoni@uniss.it

Anne CLERC-GEORGY est professeure dans le domaine « Savoirs, rapport au savoir, apprentissage et développement » à la Haute École pédagogique du canton de Vaud (Suisse). Elle est co-responsable de l'unité « Enseignement, apprentissage et Évaluation ». Ses travaux portent sur la formation des enseignantes et sur le rôle des savoirs et des pratiques enseignantes dans les apprentissages. Elle s'intéresse particulièrement aux premiers degrés et à leurs enjeux dans la réussite scolaire des élèves. Elle est co-fondatrice du Groupe d'Intervention et de Recherche sur les Apprentissages Fondamentaux (GIRAF). Enfin, elle est membre du comité du Laboratoire Lausannois Lesson Study (3LS).

Courriel : anne.clerc-georgy@hepl.ch

Pascale GARNIER est sociologue, professeure en sciences de l'éducation, directrice du laboratoire EXPERICE à l'université Paris 13 (France). Ses travaux de recherche portent sur la petite enfance, le corps et la culture matérielle, les pratiques professionnelles avec les enfants, le partenariat avec les familles et les politiques éducatives. Elle a coordonné le groupe d'experts chargé par le Conseil supérieur des programmes de rédiger le projet du programme pour l'école maternelle en France paru en 2015.

Courriel : pascale.garnier@univ-paris13.fr

Teresa GRANGE est professeure ordinaire de pédagogie expérimentale, titulaire de la Chaire Senghor de la Francophonie et déléguée du Recteur aux relations internationales à l'Université de la Vallée d'Aoste (Italie), où elle a été Doyenne de la Faculté des Sciences de la Formation. Ses intérêts de recherche portent sur la qualité des systèmes d'instruction et de formation, l'évaluation, l'éducation enfantine, et la lutte au décrochage scolaire.

Courriel : t.grange@univda.it

Christophe JOIGNEAUX est maître de conférences à l'École supérieure de l'éducation et du professorat de l'académie de Créteil et mène ses recherches au sein de l'équipe ESCOL (Université de Paris 8, France). Sa thèse, sous la direction de

J.Y. Rochex porte sur la construction des inégalités scolaires dès l'école maternelle. D'un point de vue à la fois socio-historique et ethnographique, il a cherché à clarifier comment les différences de postures langagières (orales ou écrites) des élèves et des enseignants contribuent dès la préscolarisation à creuser les écarts de réussite entre les élèves. Depuis, il continue à travailler cette thématique dans quatre directions : la formation des enseignants ; les différences de pratiques langagières enseignantes ; la socialisation langagière des jeunes enfants ; l'évolution pédagogique de l'école maternelle.

Courriel : christophejoigneaux@gmail.com

Géry MARCOUX est chargé de cours suppléant à la Faculté de psychologie et des sciences de l'éducation de l'Université de Genève (Suisse) dans le domaine « Développement, Apprentissage et Interventions en Situations Scolaires ». Ses travaux actuels portent pour une part sur la construction et l'évolution possible des croyances des enseignants dans leurs prises de décisions et le choix de leurs pratiques et, pour une autre part, sur la construction et l'évolution des représentations des élèves face aux tâches scolaires et leurs influences sur l'apprentissage.

Courriel : Gery.Marcoux@unige.ch

Olivier MAULINI est professeur associé à la Faculté de psychologie et des sciences de l'éducation de l'Université de Genève (Suisse) dans le domaine « Analyse du métier d'enseignant ». Il est responsable du Laboratoire de recherche Innovation-Formation-Éducation (LIFE) et intervient dans la formation des enseignants primaires et secondaires, des directeurs d'établissement et des formateurs d'enseignants. Ses recherches portent sur les pratiques pédagogiques et les institutions scolaires, le travail, le métier et la formation des enseignants, les rapports entre savoirs, école et société.

Courriel : Olivier.Maulini@unige.ch

Anne MEYER est enseignante spécialisée et enseignante chercheure à l'Unité de Recherche pour le Pilotage des Systèmes Pédagogiques (URSP) du canton de Vaud (Suisse). En tant qu'enseignante spécialisée, elle suit des élèves à besoins particuliers intégrés dans les premiers degrés de l'école régulière. En tant qu'enseignante chercheure, après une étude concernant les spécificités de l'école enfantine, ses derniers travaux, toujours axés sur l'école première, s'orientent vers les relations école-famille.

Courriel : anne.meyer@vd.ch

Sébastien SCHETGEN est instituteur maternel de formation initiale et a poursuivi sa formation par un Master en Sciences de l'éducation puis en Psychologie clinique et Psychopathologie. Enseignant au sein de la section préscolaire et responsable du service d'aide à la réussite à la Haute école Francisco Ferrer de Bruxelles, il est également formateur d'enseignants en formation continue et assistant au service des Sciences de l'éducation de l'Université libre de Bruxelles (Belgique) où il mène des travaux de doctorat sur la scolarisation des structures d'accueil pré-primaires.

Courriel : sebastien.schetgen@ulb.ac.be

Isabelle TRUFFER MOREAU est professeure à la Haute École pédagogique du canton du Valais (Suisse). Elle est responsable de la formation des praticiens formateurs et du champ des apprentissages fondamentaux. Elle est co-fondatrice du Groupe d'Intervention et de Recherche sur les Apprentissages Fondamentaux (GIRAF) et participe aux travaux liés à l'élaboration du centre romand des didactiques.

Courriel : isabelle.truffer@hepvs.ch

Sylvie VAN LINT est institutrice primaire. Elle a poursuivi sa formation par un master en Sciences psychopédagogiques et a soutenu une thèse en Sciences de l'éducation (sous la direction de S. Kahn et B. Rey) sur la mobilisation des compétences. Ses activités se partagent entre l'enseignement en formation initiale et continue d'enseignants du fondamental (Haute École Galilée et Haute École Defré) et la recherche au Centre de recherche des sciences de l'éducation de l'Université libre de Bruxelles (Belgique). Ses travaux de recherche portent sur les compétences (acquisition et évaluation) et les pratiques de classe en lien avec cette thématique.

Courriel : smuguerz@ulb.ac.be

Carole VEUTHEY est chargée d'enseignement à la Faculté de psychologie et des sciences de l'éducation de l'Université de Genève (Suisse) dans le domaine de l'entrée à l'école. Tout d'abord enseignante à l'école première, elle a participé comme enseignante-chercheuse aux travaux sur l'entrée dans l'écrit menés par L. Rieben et M. Saada-Robert. Elle est maintenant membre du Laboratoire de recherche Innovation-Formation-Education (LIFE) et intervient dans la formation des enseignants-es primaires. Ses recherches portent sur les pratiques enseignantes et les apprentissages fondamentaux à l'école première.

Courriel : carole.veuthey@unige.ch

Parus dans la même collection

BOBBIO Andrea, *Introduction to Early Childhood Education*, 2012. ISBN : 978-2-8066-0850-5   22,00 €   138 p.

GRANGE Teresa, *L'accueil des mineurs en difficulté*, 2015. ISBN : 978-2-8066-3555-6   20,90 €   152 p.

BOBBIO Andrea, *Pedagogia e scuola dell'infanzia. Storia, ragioni, problemi*, 2016. ISBN : 978-2-8066-3557-0   34,00 €   336 p.

Achevé d'imprimer par Corlet Numérique - 14110 Condé-sur-Noireau
N° d'Imprimeur : 133145 - Dépôt légal : octobre 2016 - *Imprimé en France*